広島女学院大学総合研究所叢書　第8号

TBLを
Team-Based Learning
文系座学科目に
チーム基盤型学習で理解を促進

関谷　弘毅

大学教育出版

はじめに

　近年，加速度的に進む情報化，国際化に伴い，知識だけではなく，スキルや態度といった「新しい能力」（松下 , 2010）の必要性が叫ばれている。岩崎（2016）は，「教員が学生に一方向的に知識を伝える」教育方法では，「高次の認知能力」や「対人関係能力」「人格特性・態度」といった，現代社会に求められる能力を育てることは難しいと指摘している。こうした能力の養成が重要視されるなか，アクティブ・ラーニングの導入が叫ばれるようになってきた（岩崎 , 2016）。

　中央教育審議会（2012）は，アクティブ・ラーニングについて，次のように述べている。

　　教員による一方的な講義形式の教育とは異なり，学修者の能動的な学修への参加を取り入れた教授・学習法の総称。学修者が能動的に学修することによって，認知的，倫理的，社会的能力，教養，知識，経験を含めた汎用的能力の育成を図る。発見学習，問題解決学習，体験学習，調査学習等が含まれるが，教室内でのグループ・ディスカッション，ディベート，グループ・ワーク等も有効なアクティブ・ラーニングの方法である。

大学教育においても，アクティブ・ラーニングを取り入れた授業の実施が今後ますます注目されるだろう。

　本書は，チーム基盤型学習（Team-Based Learning：以下 TBL）をアクティブ・ラーニングの一つの形態と位置づけ，それを取り入れて大学のいわゆる座学科目の授業を実施し，概念理解と学習意欲に与える影響を検討することを目的とするものである。筆者の専門分野は英語教育学であるため，本書で紹介する授業の取り組みも，「第二言語習得研究」や「英語学」といった科目である。しかし，専門分野が何であれ，専門知識の習得，概念の理解を主な授業目標とする座学科目の授業には共通するところも多い。そこ

で本書は，自分の座学科目の授業をなんとか変えたい，工夫を加えたいとお考えの大学教員を主な読者と想定している。執筆にあたっては，英語教育学の専門知識がなくても，お読みいただけるように心がけた。

第1章では，TBLとは何かということを，まずTBLの誕生の背景を踏まえて説明し，基本的な実施手順について紹介した。第2章では，TBLの効果について，国内外の先行研究を概観することによってまとめた。第3章では，本研究の方法論的な位置づけをアクション・リサーチと定めたうえで，アクション・リサーチの定義と実施手順に触れた。また，従来のアクション・リサーチを，より一般的に言われている「科学的研究」にするための提言も行っており，これは本書の大きな特色の一つでもある。特にせっかく工夫を凝らして授業を改善するからにはその成果をまとめ，教育系の論文として認められる形にしたいとお考えの読者にはぜひお読みいただきたい。

第4章から第8章（研究1～5）は，筆者が大学教員として実際にTBLを自身の担当科目に取り入れて，その効果を検証した研究報告であり，学会誌に掲載された論文を書き直したものである。実際にTBLを導入してどのように授業を行ったのか，どのような効果があったのかということを詳細に記述している。具体的にどのようにアクション・リサーチを計画し，授業で何を行い，結果をどのように分析し，それをどのように記述したのかということを，読者自身の授業改善や論文作成等のご参考にしていただければ幸いである。第9章ではまとめと今後の展望として，本書の総括を行った。

本書は，2015年4月に初めて大学に着任した筆者が，約4年間にわたって自身の授業改善の実践をまとめたものである。内容には粗削りな点，不十分な点も見受けられるかと思う。もしお気づきの点があれば，ぜひ忌憚なくご意見やご批判をいただきたい。本書が少しでも大学の教育研究や実践の発展の一助となれば，筆者として大きな喜びである。

広島女学院大学総合研究所叢書第 8 号

TBL を文系座学科目に
―― チーム基盤型学習で理解を促進 ――

目　次

広島女学院大学総合研究所叢書第 8 号

TBL を文系座学科目に

── チーム基盤型学習で理解を促進 ──

第1章

TBL とは何か

1．TBL誕生の背景

　チーム基盤型学習（Team-Based Learning: TBL）は，1970年代後半にオクラホマ大学（University of Oklahoma）ビジネススクールの教員であったラリー・マイケルセン（Larry K. Michaelsen）によって開発された。学生がチーム内でメンバーとディスカッションを行うことと，チーム同士でディスカッションを重ねることが中心となる学習方法である。TBL が開発されたきっかけは，マイケルセン自身が担当していたクラスの定員が40名程度から100名を超す規模に増えたことに伴い，この人数のクラスでもなんとか1人の教員で効果的な指導法はないかと考えたことであるという（五十嵐, 2016c）。マイケルセンは，学習事項を習得するには，小グループで課題に取り組む作業が効果的であると考え，大人数のクラスにグループワークを導入することを思いついたのである。実際に導入してみると，授業前の予習が促され，学生同士のやり取りが活発になるのを目の当たりにして，マイケルセンはグループ活動を基盤にした方法が学習の促進に効果的であると確信するようになった（具体的な効果の検証に関する先行研究は第2章を参照）。

　マイケルセンはその後，多くの高等教育機関のFaculty Development（FD）においてワークショップを実施し，TBL を伝えていった。その結果，医療系の教育を中心に受け入れられ，TBL は広く採用されるようになっ

た。医療系の分野でTBLが取り入れられていったことについて，五十嵐（2016c）はその理由を次のように述べている。TBLには，何事にも十分に準備して臨むこと，チームの中での責任性を持つこと，知識・態度・技能を統合することが求められている。そして多様な職種とチームを組みながら患者の命に関わる仕事をしている医療のプロフェッショナルとして，これらは必須の姿勢であり，TBLはその意識づけが可能な学習方法なのである。

マイケルセンの研究グループはやがて，医療教育の中で役立つ書籍を作りたいという思いから，2006年に"Team-Based Learning for Health Professions Education"を構想して2007年に出版した（Michaelsen, Parmelee, McMahon & Levine, 2007）。日本では2009年に高知大学医学部の瀬尾宏美監修のもと同書が日本語に翻訳されたことをきっかけに，TBLが広く知られるようになった。現在では医療系の学部を中心にTBLの導入が増加している。また近年では，TBLの基本的な考え方や実施方法を，豊富な具体例で初心者にもわかりやすく紹介した良書も出版されている（五十嵐, 2016a）。本書をきっかけにTBLをご自身の授業に導入することをお考えの方は，ぜひ一読されることをお勧めしたい。

2．TBLの手順

実際に大学の国際教養学部国際教養学科に所属する筆者が，自身の「第二言語習得研究」と「英語学」の授業にどのようにTBLを取り入れていったかという個別の方法は，第4章以降で改めて説明する。ここでは，Michaelsen and Sweet (2008)，Michaelsen, Knight, and Fink (2004)，須野ら（2013），五十嵐（2016c）に基づき，一般的なTBLの実施手順を説明する（表1-1）。

学習者5〜7名のチームを作る。授業は3つの段階から構成される。第

1段階では，あらかじめ与えられた資料を予習し，授業に向けて基礎知識を身につける。

　第2段階は予習の成果を確認するための試験を行う。試験は2つあり，まず数問の多肢選択式の問題からなる個人テスト（individual Readiness Assessment Test: iRAT）に取り組む。解答が終わったら回収する。続いて同じ問題をチームで話し合い，最終的にチームとしての答えを決定するチームテスト（team Readiness Assessment Test: tRAT）を行う。解答が終わったら答案を回収し，解答を確認する。教員は，正答率の低い問題や学習者の理解が不足していると思われる部分への補足説明を加える。このとき，自分たちの解答の中に誤りとされたものがあれば弁護するチャンス（アピール）が与えられる。アピールに十分な理由があると認められれば正答として扱う。

表1-1　TBLの流れ

第1段階	予習資料に基づく自己学習	
	⇩	
第2段階	iRAT	（individual Readiness Assurance Test）個人テスト 予習問題から出題
	⇩	
	tRAT	（team Readiness Assurance Test）チームテスト iRATの答え合わせをせずに，チームで同じ問題を解答
	⇩	
	アピール	学習者からのRATに対する意見や指摘の機会
	⇩	
	フィードバック	正答率が低い問題などへの補足の説明
	⇩	
第3段階	応用演習問題	予習して得た知識を使って，さらに知識が深まるような応用問題 チーム同士でディスカッションを行う 総括として問題の意図を伝える

（五十嵐,2016c をもとに作成）

　第3段階は，予習してきた知識を踏まえ，さらに知識が深まるような応用演習問題を出題し，チームで取り組む。最後にその問題を出した意図を伝え，総括を行う。まとめると，表1-1のようになる。

3．TBLの4原則

　TBLを導入するにあたっては，4つの原則（五十嵐, 2016b）を理解することが不可欠である。

3.1　原則1：自分とチームに責任を持たせる

　TBLがうまく機能するためには，一人ひとりが十分に予習をしてくることが必要である。そのためには，予習をしてこなければ解けないようなテスト（個人テスト：iRAT および チームテスト：tRAT）を用意することが大切である。また，テストの得点を成績評価の一部として組み込む。その際，個人テスト（iRAT）だけでなく，チームテスト（tRAT）も成績評価に含まれるようにする。そうすることによって自分自身だけでなく，チームに対しても責任を持つようになる。

3.2　原則2：フィードバックを即座に，頻繁に与える

　即時にフィードバックを与えることは学習を促すうえできわめて重要である（市川, 1995）。TBLにおいてはまず，チームテスト（tRAT）の際にディスカッションを通して学生同士でフィードバックを即座に，頻繁に得る機会がたくさん存在する。また，チームテスト（tRAT）の回収後，解答の正誤をすぐに提示し，教員からの補足説明を受ける。こうすることによって，学生はすぐに自分の理解をチェックし，修正する機会が与えられる。TBLには即時にフィードバックを受ける場面が頻繁にあり，学習を促す大きなポイントとなっている。

3.3　原則3：チーム編成と管理に注意する

　チームの人数は5〜7人が適当とされている。また，知識や技能が同質なメンバーで編成したり，仲の良い学生同士を同じチームに所属させたりするのではなく，多様な背景を持ったメンバーでチームを編成することが大切である。チームの決め方には，名簿を使ってランダムに決める，教室内で学生に立って並んでもらい，順番にチーム番号を言うなどの方法が考えられるが，大事なのはチームを決めるプロセスに透明性があることである。

　また，チームは初回のオリエンテーション時に作り，授業の最終回までメンバーは同じにする。時間をかけて，チームとしての成長を促すためである。

3.4　原則4：学習とチームの成長の両方を促す課題を使用する

　チームで取り組む課題は，個人の学習意欲とチームワークが向上するものであることが重要である。まず，テストは予習の題材に基づいて作成する。予習の必要性を認識させるためである。

　また，問題が難しすぎて学習意欲が下がってしまっても，やさしすぎて予習しなくなってしまっても好ましくない。難易度には十分に注意を払う必要がある。加えて，個人で解決できてしまったり，知識の記憶のみで解答できてしまったりするような問題ではなく，チームでのディスカッションが必要になる問題であることが重要である。

4．まとめ

　第1章では，まずTBLの誕生の背景，基本的な実施手順について概説した。TBLは1970年代にアメリカの大学教員，ラリー・マイケルセンによって開発された。その後，チームで働くことが重視される医療系の学び

と親和性が高かったため医療系の分野で受け入れられ，実践が広まっていった。TBL は小グループを作り，授業の展開は 3 つの段階に分けられる。第 1 段階は事前に個人で予習すること，第 2 段階は予習内容を個人テスト（iRAT）とチームテスト（tRAT）で確認すること，第 3 段階は応用演習問題に取り組むことである。また，実施の際に押さえておくべき 4 つの原則についても触れた。第 2 章では，これまで TBL を授業に導入して得られた効果の検証を行った先行研究を概観する。

第2章

TBL にはどのような効果があると言われているのか

　TBL を取り入れた授業は，学習のどのような側面に効果があるのだろうか。第 1 章で述べたとおり，TBL は経営学や自然科学の分野で盛んに使用され，とりわけ医療系の分野で多く取り入れられている。TBL は学習者の内発的学習動機づけを効果的に高め，十分な学習準備と積極的な議論への参加を促す作用を持つとされる（Thompson et al., 2007）。以下では，TBL を授業に導入し，具体的な効果について検証を行った先行研究を見ていきたい。

1．医療分野における国内外の先行研究

　Mennenga (2013) は，看護学の授業において授業参加度を測定する質問紙を開発し，それを用いて TBL を行った群と，通常の授業を行った群を比較した。その結果，TBL 群の方が通常群よりも授業参加が有意に高かったが，試験の結果には有意な差は見られなかった。また，授業参加と試験の結果との相関は弱かったと報告している。

　Cheng, Liou, Tsai, and Chang (2014) は，看護学の授業に TBL を導入した結果，授業参加度，チームに対する価値，自己指導型学習が改善したとしている。須野ら（2013）は，臨床薬学の授業において TBL を導入し，iRAT よりも tRAT におけるテスト得点が常に高かったことから，TBL が活発な学習を促したと述べている。また，TBL を導入した授業への満足

度も高かったと報告している。

　井上ら（2019）は，薬学部の学生に対する改変を加えた TBL の成績向上効果を検討した。その結果，TBL 群では，チームテスト（tRAT）の得点が個人テスト（iRAT）と比較して有意に高かった。また，TBL 群と同一課題を自主学習する対照群との，演習期間前後の試験成績を比較した結果，その得点向上率は TBL 群の方が有意に大きかった。さらに，アンケートの満足度分析の結果から各試験の難易度は同等と評価されるとともに，因子分析の結果と試験成績から，TBL に期待している学生ほど成績が高いことが明らかとなったと報告している。

　新福・五十嵐・飯田（2014）の一連の研究は，看護学実習を終えた学生に対して，自由記述による TBL に関する意見・感想を収集し，変容プロセスを質的に検討したものである。TBL 導入後の初期段階では，その学習法に戸惑いを感じるものの，徐々に学習の充実感や復習に関するニーズを実感するようになり，最後にはチームで高め合う達成感を得るように変容するプロセスが観察されている。質的な手法により学習者の精神面が変化する様子を丁寧に検討したものであり，貴重な知見であると言える。薬学部の有機化学の授業に TBL を導入した藤井ら（2018）も，アンケート結果の分析からほぼ同様のプロセスを報告している。

　このように，医療系の分野においては TBL を取り入れた授業の取り組み，およびその成果の報告が蓄積され，主に学習者の情意面に対する好ましい効果が見いだされている。医療の現場においては，チームで仕事をすることが求められるため，TBL の有用性が比較的認知されやすいと思われる。また，将来，チームで働くことそのものを重視するためか，概念の理解力などよりも情意面での成長に着目した研究が多い。

　それでは，必ずしもチームで働くことが求められない分野における学びでは，TBL の効果はどうだろうか。

2．ビジネス実務分野における先行研究

　所（2016）は，ビジネス実務教育の授業において，TBL を取り入れた授業を実践し，その効果を検証した。その結果，秘書検定合格率が，TBL の導入前の43.9%から97.4%へと大幅に向上したという。また，毎回の予習量，質問や発言への意欲的な取り組みなど，主体的に学ぶ姿勢の改善が見られたと報告している。これまで，理解度といった学力の認知面における効果の報告が少なかったことを考えると，この結果は注目に値する。所によると，チーム討議やクラス討議が，ビジネス現場でどのように役立つか具体的に事例説明をしたり，教員のコメントを全チームに与え，次回に向けての課題を出したりすることを主な柱にしたという。

3．第二言語習得研究や英語教育学分野における先行研究

　第二言語習得研究や英語教育学分野での研究蓄積は多くないが，イランにおける外国語としての英語の授業に TBL を導入したものに，Hosseini（2014）がある。Hosseini は，チーム間で競争させる形で TBL 型授業を実施し，協働学習型授業と比較して英語運用能力の向上効果が高かったと報告している。

　また，Samad, Husein, Rashid, and Rahman（2015）は，マレーシアの大学における第二言語としての英語教師養成の授業に TBL を導入した。学生たちは全体として TBL を肯定的に捉え，またそのことが最終課題である模擬授業の質の向上につながる可能性を指摘している。

　国内では，児玉ら（2015）が薬学英語の授業で TBL を取り入れて実施し，TBL は学習意欲を向上させる促進効果は期待できるが，その効果は対人関係に影響を受けやすいと述べている。

4．TBLの効果に関する先行研究のまとめと本書が取り組む問題

　以上をまとめると，TBL を導入することの効果について次の3点が言える。第1に，チームや授業そのものへの参加意欲が高まる。第2に，そのプロセスは初期に戸惑いなどから一時後退するが，後に上昇し最終的には高水準に達する可能性がある。第3に，理解度などの学力の認知面に対しても効果がある場合がある。

　本書が扱う「第二言語習得」や「英語学」などでは，教員が学生に一方向的に知識を伝える教育方法を採用しがちである。概念理解を中心としたそうした科目においても，TBL を導入して授業を改善することはできないだろうか。この問題を検討することが本書の研究目的である。早速，具体的な実践および研究結果の報告に移りたいところではあるが，その前に次章では，本書が研究の方法論として採用したアクション・リサーチについて解説を加えたい。

第3章

アクション・リサーチとは何か

　この章では，アクション・リサーチとして行われた次章以降で紹介する研究がどのような立場に基づいて行われ，どのような特徴を持つものなのかということについて説明する。まず，アクション・リサーチとは何か，歴史的な経緯を紹介したうえで本書における定義を示す。続いて，本書におけるアクション・リサーチの工夫について述べる。

1．本書におけるアクション・リサーチの定義

　「アクション・リサーチ」という言葉を聞くと，どのようなイメージを持たれるだろうか。「リサーチ」という言葉が含まれているから研究手法の一つだろうということは想像されたと思う。それでは「アクション」とはどういうことだろうか？　行動して研究をするのか？　研究をして行動をするのか？　何らかの行動を取り入れた研究か？　はたまた行動を起こさせるための研究か？

　アクション・リサーチという言葉を最初に用いたのは，1940 年代に活躍したアメリカの社会学者，Kurt Lewin であった（Lewin, 1951）。彼は，社会に関する問題の研究は，その問題に直接かかわる当事者の問題意識を起点にして行われ，その成果は当事者に還元されるべきだと主張した。その後，その主張は 1970 年代にイギリスの教育現場で注目を浴び，アメリカやオーストラリアにも広がっていった。現在は，看護や福祉などさまざまな分野の研究にも使われている（佐野 , 2005）。

　実は，アクション・リサーチにはいくつかの流れがあり，教育の文脈に絞っても３つの基本的な立場に大別できると言われている（佐野, 2000, 2005)。佐野によると，１つ目は教育改革運動の立場で，保護者なども巻き込んで，調査結果を行政に反映しようとするもの，２つ目は，理論研究の結果を教室での実践で検証しようとする立場，そして３つ目は，教師が自分の授業を改善し，指導力の向上を目指すものである。ただし，佐野が指摘するように，現実にはこの３つの立場は重なり合う部分も多い。

　本書は，大学の座学授業に TBL を導入してその効果を検証することが目的である。そしてそのきっかけは，筆者自身が教えている授業を改善しようとする思いであった。したがって，佐野（2000, 2005）の分類によると本研究は基本的に３つ目の立場（教師が自分の授業を改善し，指導力の向上を目指す）に立つと言える。ただし，理論研究の結果を教室での実践で検証しようとする，２つ目の立場も少々含まれている。

　TBL は厳密には理論研究というよりは実践を重ねて法則化・手続き化された学習法といった方が適切であるが，一定程度一般化された手順を持つ学習法を実践に取り入れてその効果を確かめるという意味合いでは２つ目の立場に近い。まとめると，「法則化された学習法を教室での実践で検

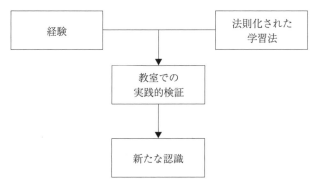

図 3-1　本研究におけるアクション・リサーチ
（佐野, 2000 を参考に作成）

証しながら，教師が自分の授業を改善し，指導力の向上を目指す取り組み」，
それが本書におけるアクション・リサーチの定義である（図3-1）。

　それでは，アクション・リサーチは具体的にどのように行うのか。次節
ではその方法について説明する。

2．アクション・リサーチの手順

　佐野（2000, 2005）は先述のとおり，アクション・リサーチは大きく3
つの立場があると分類した。彼自身は主に3つ目の立場（教師が自分の授
業を改善し，指導力の向上を目指す）に立ち，中学・高等学校の英語教育
において精力的に活動を行ってきた。佐野（2005）が Nunan (1989) に触
れながら示している手順は次のとおりである。

　　1）問題の発見：直面している事態から扱う問題を発見する。
　　2）事前調査：選んだ問題点に関する実態を調査する。
　　3）リサーチ・クエスチョンの設定：調査結果から研究を方向づける。
　　4）仮説の設定：方向性に沿って，具体的な問題解決の対策を立てる。
　　5）計画の実践：対策を実践し，経過を記録する。
　　6）結果の検証：対策の効果を検証し，必要なら対策を変更する。
　　7）報告：実践を振り返り，一応の結論を出して報告する。

3．アクション・リサーチを「科学的研究」に

　佐野（2005）は，そのような手順を示したうえで次のように述べている。

　　AR（アクション・リサーチ：筆者注）は，「リサーチ」という名称のために，
　科学的なリサーチと誤解されることがあります。しかし AR は決して一般的
　な真実を追求する科学研究ではありません。授業を進めながら（in action）

行う実践研究（research）です。別の言い方をすれば，授業にプラスしてリサーチするのではなく，授業しながら対策を実行してゆくのです。この意味は，良心的な教師なら無意識的に行っていることを，ステップを踏んで実施するだけともいえます。(p.7)

　筆者もこれに同感である。ただしこれは，現場での実践に日々奮闘している中学校や高等学校の教師を想定したものではないだろうか。アクション・リサーチの敷居を高くしないための配慮が読み取れる。本書の読者は主に筆者のような大学の教員・研究者を想定している。「リサーチ」をするからには成果を発表できる何らかの形にしたいと考えておられるのではないだろうか。

　そこで本書におけるアクション・リサーチには，上述の佐野（2005）の立場を受け入れつつ，そのうえでいくらか「科学的研究」との評価が得られるよう工夫を加えた。具体的には，先に示した手順における，「5）計画の実践：対策を実践し，経過を記録する」「6）結果の検証：対策の効果を検証し，必要なら対策を変更する」において，単に「問題解決の対策」の実施前と実施後の変化を検討するだけではなく，「問題解決の対策」を行った（行っている）効果を，「問題解決の対策」を行わなかった前年度と比較するというものである。この点について，以下に詳しく説明する。

4．より「科学的研究」らしい研究デザインとは

　まず，「科学的研究」とはどのようなものかということから考えてみたい。「科学的」という言葉を『大辞泉』で引くと，「考え方や行動の仕方が，論理的,実証的で系統立っているさま」とある。本書はTBLの手法を紹介し，その有効性を示そうとするものである。したがって，本書の文脈に即していえば，TBLの有効性が論理的，実証的に示すことができている研究になっているかどうかがポイントになる。論理的，実証的な研究とは何かと

いう点においてはいろいろな捉え方があると思うが，本書では内的妥当性（internal validity）が高い研究であると考えることとする。内的妥当性とは，処遇と結果の間の因果関係について，「この研究の結果，処遇の効果があることがわかった」とする主張の正当性に確信が持てる程度のことである（南風原, 2001）。それでは，どのようなデザインの研究が内的妥当性の高い研究と言えるのだろうか。

　本書の研究で扱う場面を想定し，授業に新しい工夫を加えることによって学習効果が高まるかどうかを知りたいとする。その場合，例えば次のような研究デザインが考えられる。

①新しい工夫を加えて授業を実施し，最後に事後テストをして学習効果を調べる。

②初回の授業開始前に事前テストを行い，新しい工夫を加えて授業を実施し，最後に事後テストをして成績の伸びから学習効果を調べる。

③新しい工夫を加えて授業を実施し，最後に事後テストをして学習効果を調べる。その結果を，特に工夫を加えずに行った授業の最後に実施した事後テストの結果と比べる。

　①は，「1群事後テストデザイン（one-group posttest-only design）」と呼ばれるものである。もし事後テストで多くの学習者が高得点を取ったら，授業に加えた新しい工夫には効果があったと言えるだろうか。残念ながらそのようには言えない。なぜなら，新しい工夫を加えなかった場合の水準が不明なので，事後テストの得点から新しい工夫を加えたことによる効果の高さを比較して判断する基準がないからである。

　それでは②はどうだろうか。②は，「1群事前事後テストデザイン（one-group pretest-posttest design）」と呼ばれるものである。①とは違い，授業を開始する前に事前テストを実施している。そのため，事前テストと事後

テストを比べ成績が向上していれば，新しい工夫を加えることにより学習
効果が促進するという判断材料の一つになりそうである。しかし，それで
もこのデザインは十分高い内的妥当性を持っているとはいいがたい。たと
え事前テストから事後テストにかけて成績が向上しても，それは授業に加
えられた新しい工夫によるものではない可能性が依然残っているからであ
る。例えば，そのような成績の向上は，新しい工夫を加えずに授業を行っ
ても見られたかもしれないし，他の授業や授業外のさまざまな学習活動を
通じて得た知識や経験によって生じたものかもしれない。

　次に③について考えてみたい。このデザインは，工夫を加えて行った授
業における事後テストの結果を，工夫を加えずに行った授業の事後テスト
と比較するものである。こうすれば，比較の基準は一応与えられることに
なり，①や②で問題となっていた課題を一見クリアしているように見える。
しかし，まだ十分な内的妥当性が保証できるかというと，実は必ずしもそ
うはならない。なぜなら，工夫を加えて行った授業の学習者と工夫を加え
ずに行った授業の学習者の等価性が不明だからである。例えば，工夫を加
えて行った授業における事後テストの成績が良かったとしても，その学習
者はもともと学力が高かったため，工夫を加えずに行った授業の学習者よ
りも事後テストの成績が高くなることもありうる。

　このような可能性をつぶすには，比較する２つの群の等価性を保証しな
ければならない。そのための方法として，提案されているものの一つは，
学習者の無作為割り当て（random assignment）である。２つのクラスを
用意し，学習者をランダムに割り当てることによって，確率的にクラス間
の学力には差がないと考えるのである。もちろん，クラス間の学力が完全
に等しくなるわけではないが，そのばらつきはランダムな変動であるので，
その影響は統計学的な分析によって評価することができると考えるのであ
る（高野, 2000）。このような方法は理想的な実験のデザインとして推奨
されている。

　一方で，本書が想定する読者である大学教員にとって，制約上このような理想的なデザインが実現することはめったにない。第1に，同じ文系の専門科目（多くの場合，座学の授業）を同じ教員が複数のクラスで実施することはそれほど頻繁にあることではない。あったとしても，あらかじめ受講を希望する学生の名簿を入手し，学力などによってランダムにクラスに割り当てるなどということはほぼ不可能である。多くのケースで，学生は他の授業の時間割や教務上の都合などで振り分けられる。そもそも，選択科目であれば初めの数回の授業が過ぎるまで学生が定まらず，授業実施前から名簿を確定させることさえできない。

　第2に，教育倫理上，問題がある。仮に2つの等価性のあるクラスが用意できたとしても，授業者が教育効果があると信じている工夫を一方のクラスにのみ加えるということは好ましいことではない。

　第3に，このような実験デザインはもはやアクション・リサーチの趣旨に反してしまっている。本書におけるアクション・リサーチの定義は，もう一度述べると，「法則化された学習法を教室での実践で検証しながら，教師が自分の授業を改善し，指導力の向上を目指す取り組み」である。つまり，実験デザインを採用すると，教員は授業をしながら問題点を見つけ，その改善法を考え，その効果を検証するというプロセスが取れなくなってしまう。

5．本研究がアクション・リサーチとして採用する研究デザイン

　そこで本書では，学習者の無作為割り当てによる実験デザインではなく，「準実験デザイン（quasi-experimental design）」に分類される，「不等価2群事後テストデザイン（posttest-only design with nonequivalent groups）」を採用する。このデザインは，準実験デザインに分類されることからもわかるように，実験デザインよりも内的妥当性は劣る。それを補うための工

夫を含め，具体的な実施の仕方を以下に述べる。

　まず，「2群」とは実際どの2つのクラスかという点から説明する。1つ目のクラスは工夫を加えて教えたクラス，あるいは現在工夫を加えて教えているクラスである。2つ目のクラスは，その工夫を加えなかった（工夫を思いつく前の）前年度の同科目のクラスである。この2つのクラスを「2群」とする。

　次に，「事後テスト」には何をどのように用いるのかという点である。本書の提案は，「事後テスト」のために特別なものを用意する必要はなく，授業で実施する期末試験を用いるというものである。ただし，すべての問題がまったく同じ期末試験を当該年度と前年度に使用するのは好ましくない。前年度の既修者から期末試験の問題に関する情報が流れてしまい，当該年度の成績が不当に高くなり，比較が困難になってしまいかねない。また，そもそもそのようなことは教育上大きな問題である。したがって，当該年度の期末試験には一部前年度に出題したものと同じものを使用し，その成績を比較するというのが提案である。

　最後に「不等価」をどうするのかという問題である。前述のとおり，「不等価」ということは，どちらかのクラスがもともと学力や学習意欲が高かったという可能性を含んでおり，成績の比較結果を正しく評価できないことになってしまう。この問題に対して本書は，授業を実施する前年度のGPAを学習能力と見なして，それを共変数（共変量）とする共分散分析（analysis of covariance: ANCOVA）モデルを採用し，分析対象者の学習能力を統制することによって解決を図る。言い換えると，共変数であるGPAの影響を取り除いて，つまり分析対象者の学習能力を一定にしてデータを解析するというものである。

　このように，第1に工夫を加えて教えた授業と工夫を加えずに教えた前年度の授業を比較する，第2に工夫の効果を検証するため期末試験に一部同じ問題を使用する，第3に「不等価」の問題を解決するため前年度の

GPA を共変数とする共分散分析モデルを採用することにより，より内的妥当性の高いアクション・リサーチの実施が実現できる。これらの工夫は，持ち上がりなどで毎年度担当科目が変わることの多い中学校・高等学校とは違い，年度によって担当科目があまり変わることのない大学教員にとってさほど難しいことではない。つまり「不等価2群事後テストデザイン」は，大学教員だからこそできる，アクション・リサーチをより「科学的」にするための工夫といってもよいだろう。

6．まとめと本書の構成

本章では，まずアクション・リサーチを「法則化された学習法を教室での実践で検証しながら，教師が自分の授業を改善し，指導力の向上を目指す取り組み」と定義した。アクション・リサーチが7つの手順からなることを示し，そのうち，「5）計画の実践」「6）結果の検証」において，前年度と取り組みを比較することによってより内的妥当性の高い研究デザイン（不等価2群事後テストデザイン）にすることを提案した。さらに，「不等価」の問題に対して，期末試験に前年度の GPA を共変数とする共分散分析モデルを採用することにより解決を図ることを合わせて提案した。

次章以降は，大学教員である筆者が，4年間にわたる一連のアクション・リサーチとして，自身の授業の改善を試みた取り組み，およびその効果を検証した報告である。第4章では，筆者が大学で教えている「第二言語習得研究」の授業に TBL を取り入れ，前年度に実施した講義をベースとした授業と比較することによってその効果を検証する。次頁の図3-2に，研究の全体的な枠組みを示す。

┌─────── 本研究の位置づけ ───────┐
│ 第1章：TBL の背景と実施方法   │
│ 第2章：TBL の効果の先行研究   │
│ 第3章：本研究の方法論 ─ アクション・リサーチ │
└─────────────────────────┘

┌── 「第二言語習得研究」での実践：──┐   ┌──── 「英語学」での実践：────┐
│   深い知見を得る   │   │   広い知見を得る   │
│ 第4章（研究1）：   │   │ 第7章（研究4）：   │
│   TBL の学習効果の検証   │   │   TBL の学習効果のより厳密な再 │
│ 第5章（研究2）：   │ │   検討   │
│   TBL の学習プロセスの検討   │ →   │ 第8章（研究5）：   │
│ 第6章（研究3）：   │   │   グループワークでの役割付与の │
│   フリーライダー問題の解決法の │   │   再検討   │
│   検討   │   │   │
└───────────────────────┘   └───────────────────────┘

┌────── 総合考察 ──────┐
│ 第9章：研究のまとめと今後の展望 │
└─────────────────────┘

図 3-2　本書の構成

第4章

TBL は学習効果を高めるか（研究1）

1．問題と目的

1.1　問題

　第2章で説明したとおり，先行研究のまとめから，TBL を導入することの効果について次の3点が言える。第1に，チームや授業そのものへの参加意欲が高まる。第2に，そのプロセスは初期に戸惑いなどから一時後退するが，後に上昇し最終的には高水準に達する可能性がある。第3に，理解度などの学力の認知面に対しても効果がある場合がある。

　しかしながら，医療分野など，チームで働くことを前提とする科目における TBL の取り組みやその効果検証の報告は蓄積があるが，概念理解を主たる授業目標とする科目においてはそうした実践報告はほぼ皆無である。実践を積み重ね，効果を検証することは急務であると言えよう。

1.2　目的

　そこで本研究では，TBL を取り入れて大学の英語教育学専門科目の授業を実施し，概念理解と学習意欲に与える影響を明らかにすることを目的とする。もし好ましい影響が得られれば，英語教育学専門科目というこれまで検討されなかった分野において，概念の理解における TBL の効果という新しい知見を提供できるとともに，類似の授業を担当する指導者に授業方法に関する実践的な情報を提供できると思われる。

2．方法

2.1　研究対象者

　私立女子大学の国際教養学部国際教養学科における英語教育学の専門科目群のうち，2年生以上を対象に選択科目として開講された「第二言語習得研究（外国語としての英語の学び）」（2単位）の受講生を対象とした。そのうち，2015年度に受講した28名を講義＋活動群，2016年度に受講した15名をTBL群とする合計43名が研究対象者となった。

2.2　授業の概要

　筆者が授業者として，2つの群を異なる指導法で教えた。使用テキストは，両群とも白井（2012）の『英語教師のための第二言語習得論入門』を指定した。授業のシラバスは表4-1のとおりである。

　指導法の大きな相違点は2点ある。1点目は，講義＋活動群においては第15回に1度だけ試験を実施したのに対して，TBL群は第8回と第14回の2度実施した点である。2点目は，進度の違いである。講義＋活動群においては，第14回までで白井（2012）の78ページまでを扱ったのに対して，TBL群では，第6回時点で78ページまでを終了し，第13回時点で本文最後（145ページ）まで読み切った。したがって，講義＋活動群における期末試験と，TBL群における中間試験の範囲は同じであった。

（1）講義＋活動群

　初回の授業ガイダンスと最終回の期末試験を除いて，授業は原則として講義形式で行い，必要に応じて活動を導入した。それぞれの形式の内容と手順は以下のとおりである。

　講義は，あらかじめ講義内容をテキストに従って，プレゼンテーション

表 4-1　授業シラバス

講義＋活動群		TBL 群	
授業内容	テキスト	授業内容	テキスト
第 1 回 ガイダンス		ガイダンス	
第 2 回 第二言語習得と英語教育	～ p.7	バイリンガルの利点，個人差，動機づけ	～ p.12
第 3 回 年齢要因，母語によるフィルター	～ p.12	SLA 研究から見た効果的な学習法	～ p.28
第 4 回 外国語学習における個人差・外国語学習適性	～ p.20	言語習得の本質とは何か	～ p.50
第 5 回 動機づけと学習との関係	～ p.26	効果的な外国語学習法・教授法	～ p.64
第 6 回 SLA 研究からみる効果的学習法	～ p.29	日本の現状	～ p.78
第 7 回 クラッシェンの「インプット仮説」①	～ p.36	総復習	
第 8 回 クラッシェンの「インプット仮説」②	～ p.44	**中間試験**	
第 9 回 まとめ（第二言語習得研究から日本の英語教育へ）	～ p.50	中間試験返却と小学校英語教育のこれから	～ p.96
第 10 回 効果的な外国語学習法・教授法①	～ p.52	中学校英語教育のこれから	～ p.108
第 11 回 効果的な外国語学習法・教授法②	～ p.60	高校英語教育のこれから	～ p.128
第 12 回 インプットとアウトプットの組み合わせ	～ p.64	大学生，社会人のための英語教育①	～ p.136
第 13 回 ミクロに考える：第二言語習得研究の授業への活用	～ p.69	大学生，社会人のための英語教育②，総復習	～ p.145
第 14 回 マクロに考える：教員養成，入試について	～ p.78	期末試験	
第 15 回 **期末試験**		総括：期末試験返却と最終課題の説明	

第二言語習得研究の分野での代表的な動機づけ
Gardener, R. C., & Lambert, W. E (1972)

○ 統合的動機づけ（integrative motivation）
英語という言語，英語を母語とする人々や，
その文化を受け入れ，一体化したいという心
理的欲求

○ 道具的動機づけ（instrumental motivation）
英語を道具として，他の目的達成のために利
用したいという心理的欲求

図 4-1　講義＋活動群の授業で用いたスライドの例

ソフトを用いてスライドにまとめたものを，プロジェクターで教室前のスクリーンに投影しながら解説を行った。受講生は，スライドや解説を視聴しながら，自分のノートにメモを取った。図 4-1 は講義で用いたスライドの例である。

　活動は，他の受講生とペアやグループを作り，主に講義で扱った教授法を体験したり，それが講義で学んだ理論からどのように説明できるかを討論したりするために行った。一つの例として，講義で扱ったオーディオリンガルメソッドを体験するため，ペアを作り，1 人はハンドアウトに印刷された平叙文の英文を読み上げ，もう 1 人はそれを疑問文に変換する活動が挙げられる。

　もう一つ例を挙げると，トータルフィジカルリスポンスによって指導を受けている子どものビデオを見せ，「この指導法は，クラッシェンのインプット仮説に基づくと支持される活動と言えるか，それともスウェインのアウトプット仮説に基づくと支持される活動と言えるか」という問いに対する答えを討論させるものがある。予習課題としてテキストの指定箇所，およびハンドアウトを読むことを，復習課題としてキーワードを説明できるようにすることを求めた。

(2) TBL 群

　先述したとおり（pp.4～6），授業は3つの段階から構成される（Michaelsen & Sweet, 2008; 須野ら, 2013）。第1段階は予習である。第2段階は数問の多肢選択式の問題からなる個人テスト（iRAT）とチームテスト（tRAT）である。第3段階は，チームで取り組む応用演習問題である。実際の授業は，原則これらの3段階を踏まえて構成された。これらに加え，復習課題として授業で扱った重要概念について，定義と具体例または詳細説明を加えて記述できるように求めた。次の授業の初めに小テストを行い，復習課題の確認をした。

　初回の授業ガイダンス，第8回の中間試験，第14回の期末試験を除き，授業は以下の手順で行われた。

　①授業に先立ち，前時の復習，本時の予習を行う。

　②語句説明の記述式問題（2～3問からなる小テスト）を受ける（資料1）。

　③答案を隣の受講生と交換し，ルーブリックを参照しながら採点する（資料2）。

　④ハンドアウト（資料3）を配布し，予習（後述）でテキストの指定された箇所の理解度をチェックする四者択一問題に個人で取り組む。

　⑤4～5人のグループを作り，話し合いによって四者択一問題のグループとしての解答を決定する。

　⑥各グループが答案を発表し，他グループと答案が異なる場合，正答を巡って議論する。

　⑦授業者が正答を伝え，補足説明をする。

　⑧応用課題を行う。扱う題材によっては，扱った教授法を体験したり，それが講義で学んだ理論からどのように説明できるかを討論する。内容や手順は，講義＋活動群における活動と同様である。

　⑨復習課題と予習課題を伝える。

　上記の①が第1段階，④〜⑦が第2段階，⑧が第3段階にあたる。②と③は，復習課題として出した，前の回で扱った内容の確認（小テスト）と，その答え合わせであり，筆者が独自に加えたものである。⑨は次回に向けた，復習課題と予習課題の伝達の徹底のため，第3段階終了後に設けた。予習課題とは，テキストの指定された箇所を読んで内容を理解するというものである。授業中，上記手順④〜⑥においては，テキストを開くことは許されないため，四者択一問題への個人での取り組み，およびその後のグループでの話し合いへの参加のためには一定以上の理解を伴う予習が求められた。

2.3　各変数の測定

（1）概念理解

　概念理解度を測定するため，講義＋活動群で15回目の授業で実施された期末試験，TBL群で8回目の授業で実施された中間試験において，両群の試験に共通して出題された，用語の説明記述問題6問を使用した。用語を定義し，具体例または詳細な説明を求めるもので，以下の6つの用語が測定の対象となった。

> 1 ）言語転移における負の転移
> 2 ）臨界期仮説
> 3 ）適性処遇交互作用
> 4 ）統合的動機づけと道具的動機づけ
> 5 ）インプット仮説
> 6 ）自動化理論

(2) 匿名授業アンケート

　研究対象となる学生が通う大学が実施する匿名による授業アンケートのうち，学習意欲の指標と関連のあるものを使用した。具体的には，予習・復習時間，受講マナー，ノートまとめ行動，授業への集中であった。

　予習・復習時間は，「私はこの授業を受講するにあたって予習・復習をした（1回の授業あたりの平均）」という文に対して，「1.1h未満，2.1h以上2h未満，3.2h以上3h未満，4.3h以上4h未満，5.4h以上」のいずれかを選択するものであった。受講マナーは，「私は受講マナー（遅刻，居眠り，授業の妨げになる私語をしないなど）を守れた」，ノートまとめ行動は，「私は授業内容をわかりやすくノートやプリントなどにまとめた」，授業への集中は，「私は集中して授業を受けた」というそれぞれの文に対して，「1．全くそう思わない，2．そう思わない，3．どちらとも言えない，4．そう思う，5．強くそう思う」の5件法で回答を求めた。

　授業アンケートは，両群ともに13回目の授業が行われる週から約8週間以内に，大学のポータルサイトから回答するものであった。講義＋活動群においては21名（回答率75％），TBL群においては12名（回答率80％）の回答を得た。

(3) 自由記述授業アンケート

　TBL群において，概念理解や学習意欲の変容プロセスを見るため，第15回の授業時に自由記述による授業アンケートを行った。質問は，「他の授業に費やした平均的な学習量を10とすると，この授業に費やした学習量は？」という質問に数字を記入して答えるもののほか，5つの項目に対して自由記述で回答を求めた。具体的には，「授業で使った教科書，プリント，機器について」「学修環境（教室，座席，教室内ルール，他の学生など）について」「授業目的を達成するため，授業の進め方（授業の初めに小テストを実施 → 指定された予習範囲の理解度チェック問題を個人で

解く → グループでまとめ，全体で討論する）は適切であったか」「小テストにおけるルーブリック（評価表）の適切さ」「その他」の5つであった。

これらの5つの項目に対する回答に対して，統語的な切れ目を分析単位とし，TBLが概念理解と学習意欲に与える影響を明らかにするという分析テーマを念頭に概念の解釈を行った。解釈にあたっては，分析テーマに対する答えを意識しながら概念を生成した。次に，概念の吟味を行った他のデータとの関連から概念名の妥当性について検討を行い，必要に応じて修正を加えた。そのうえで，カテゴリーの生成を行った。具体的には，概念がある程度生成されたら，それらの関係性を検討した。

（4）前年度の GPA

受講生が前年度に履修したすべての科目の成績，GP (Grade Points) の平均値（GPA）を算出した。GPA 平均値は，講義＋活動群は 2.69，TBL 群は 2.84 であった（$t(38) = .62, p = .54$; ただし，転入学や休学のため前年度の成績がなかった3名は分析から除外）。

本研究のデザインは完全無作為化されたわけではないので，後述する従属変数の群間比較の結果はもともとの学力差を反映しただけであるという可能性を否定できない。そこで学力をどの被験者も一定になるように条件を統制するため，従属変数の量的な群間比較においては，原則 GPA を共変数として投入し共分散分析を実施した（pp.19 〜 21）。

3．結果

3.1　概念理解

試験を受けなかった対象者を除外した結果，講義＋活動群 27 名，TBL 群 15 名が分析対象となった。両群の中間試験，期末試験に共通して出題された，重要語句の説明記述問題6問の成績を算出した。測定にあたって

は，全6問に対して定義，具体例／詳細説明，日本語表現の3つの観点を
設け，配点はそれぞれ3点，3点，2点とし，1問につき8点満点とした。
概念理解を測定するにあたって，定義や具体例／詳細説明に加え，日本語
表現を観点に入れたのは，正しい内容を日本語表現上の誤りなく明瞭に伝
達するところまでを含めて概念理解であると考えたからである。そのこと
はシラバスの授業の目的欄に，「入学したての大学生を想定してわかりや
すく説明することができる」と記載され，受講生に伝えられていた。

　採点には授業にも使われたルーブリックを使用し，筆者と英語教育学を
専攻する大学院生が独立して行った。採点者間の一致率について κ 係数を
求めたところ，全18観点（6問×3観点）のうち，6観点がかなり高い
一致度とされる .60 以上を示し，9観点が中程度の一致度とされる .40 以
上 .60 未満の値を示した。残りの3観点は十分な一致度を示さなかったが，
全6問のすべての観点の合計点において評価者間の相関係数を求めたとこ
ろ，その値は .92 であった。試験全体としては十分な信頼性が得られたと
判断し，分析には2名の採点者の平均値を用いた。両群におけるそれぞれ
の問題の観点別平均点を表4-2に示す。

　結果の解釈にあたっては，試験を受けるまでの授業時間数が異なること
に注意が必要である。つまり，結果には授業の方法のほか，授業時間数が
影響を与えると考えるのが自然である。試験までの授業数の多い講義＋活
動群の方が成績が良ければ，その原因を授業の方法と授業時間数のどちら
かに特定することは難しい。一方，TBL群の方が試験の成績が良ければ，
結果は授業の方法によるものであると積極的に解釈してもよいだろう。

　全6問の定義，具体例／詳細説明，日本語表現の合計点，および総合得
点について，前年度のGPAを共変数，授業の方法を独立変数とした共分
散分析を行った。その結果，総合得点において，群の主効果が有意となり（F
$(1, 39) = 4.27, p < .05$），TBL群が講義＋活動群よりも高い得点であること
が示された。

表 4-2　問題および観点ごとの得点の平均（括弧は *SD*)

用語	観点	得点		κ 係数
		講義＋活動群	TBL 群	
1) 言語転移における負の転移	定義	1.78 (1.12)	2.10 (0.97)	.44
	具体例／詳細説明	1.93 (1.31)	2.37 (0.95)	.60
	日本語表現	1.44 (0.78)	1.87 (0.52)	.77
2) 臨界期仮説	定義	2.56 (0.98)	2.57 (0.84)	.69
	具体例／詳細説明	1.28 (0.49)	1.63 (1.30)	.09
	日本語表現	1.69 (0.65)	1.57 (0.59)	.66
3) 適性処遇交互作用	定義	2.04 (1.16)	2.37 (1.03)	.57
	具体例／詳細説明	1.39 (1.07)	2.30 (1.11)	.42
	日本語表現	1.44 (0.76)	1.70 (0.70)	.64
4) 統合的動機づけと道具的動機づけ	定義	2.56 (0.81)	2.53 (1.04)	.56
	具体例／詳細説明	2.26 (0.94)	2.53 (0.81)	.51
	日本語表現	1.78 (0.56)	1.83 (0.45)	.72
5) インプット仮説	定義	2.04 (1.25)	2.40 (0.69)	.57
	具体例／詳細説明	1.67 (1.17)	2.10 (1.21)	.45
	日本語表現	1.41 (0.77)	1.80 (0.41)	.56
6) 自動化理論	定義	2.17 (1.16)	2.37 (0.88)	.54
	具体例／詳細説明	0.94 (0.61)	2.43 (1.03)	.27
	日本語表現	1.15 (0.59)	1.73 (0.53)	.16

　観点別に見ると，具体例／詳細説明において，群の主効果が有意となり（$F(1, 39) = 11.43, p < .01$），TBL 群が講義＋活動群よりも高い得点であることが示された。日本語表現において，群の主効果が有意傾向となり（$F(1, 39) = 3.70, p < .10$），TBL 群が講義＋活動群よりも高い得点であることが示された。定義においては，群の主効果に有意な差は見られなかった（$F(1, 39) = 0.45, n.s.$)。なお，共変数との交互作用が見られないことは事前に確認した。群ごとの得点の推定周辺平均を表 4-3，図 4-2 に示す。

表4-3　用語説明のテスト得点の推定周辺平均（括弧は *SE*）

観点	講義＋活動群	TBL群	*F* 値 (*df*)
定義合計点	13.28 (0.68)	14.05 (0.92)	0.45　(1, 39)
具体例／詳細説明合計点	9.60 (0.62)	13.13 (0.84)	11.43** (1, 39)
日本語表現合計点	9.01 (0.41)	10.33 (0.55)	3.70 † (1, 39)
総合得点	31.89 (1.62)	37.50 (2.12)	4.27* (1, 39)

**p < .01　　　*p* < .05　　　† *p* < .10

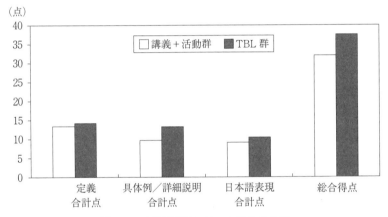

図4-2　用語説明のテスト得点の比較

3.2　匿名授業アンケート

　回答を得た33名（講義＋活動群21名, TBL群12名）を分析対象とした。予習・復習時間において，「1．1h未満」を0点，「2．1h以上2h未満」を1点，「3．2h以上3h未満」を2点，「4．3h以上4h未満」を3点，「5．4h以上」を4点とした。こうすることによって，選択肢の番号がそのまま最低何時間予習・復習したかを表すことができる。受講マナー，ノートまとめ行動，授業への集中は5件法「1．全くそう思わない〜5．強くそう思う」の回答をそのまま得点とした。

　予習・復習時間，受講マナー，ノートまとめ行動，授業への集中につい

表4-4　匿名アンケートの各指標の平均（括弧は *SD*）

	講義＋活動群	TBL 群
予習・復習時間	0.95 (1.17)	1.50 (1.00)
受講マナー	4.52 (0.60)	4.58 (0.67)
ノートまとめ行動	4.33 (0.48)	4.33 (1.15)
授業への集中	4.52 (0.51)	4.25 (0.87)

ての記述統計を表4-4に示す。なお，これらのデータに関しては匿名につき，共変数である GPA の特定ができないため，共分散分析は実施しなかった。

3.3　自由記述アンケート

　回答を得た TBL 群の 12 名を分析対象とした。「他の授業に費やした平均的な学習量を 10 とすると，この授業に費やした学習量は？」に対して得た数字の平均値を求めたところ，17.17（*SD* = 13.90）を得た。TBL 群の受講生は，他の授業に比べて約 1.7 倍の勉強量をこなしたと実感していると言える。

　自由記述を求める 5 つの質問，「授業で使った教科書，プリント，機器について」「学修環境（教室，座席，教室内ルール，他の学生など）について」「授業目的を達成するため，授業の進め方（授業の初めに小テストを実施→指定された予習範囲の理解度チェック問題を個人で解く→グループでまとめ，全体で討論する）は適切であったか」「小テストにおけるルーブリック（評価表）の適切さ」「その他」に対して得られた記述の分析単位数 67 のうち，TBL が概念理解と学習意欲に与える影響を明らかにするという分析テーマに関連するものは 50 であった。分析の結果，15 の概念，4 のカテゴリーが得られた。結果を表4-5に示す。

表 4-5　TBL が概念理解と学習意欲に与える影響

カテゴリー名	概念名	件数	具体例
概念理解への肯定的反応	授業手順・内容全般への好評価	3	・とても勉強になったし，理解しやすかった。
	教材への好評価	4	・教科書の内容を 2 ～ 3 回読むとだいたい理解できるので，難しすぎず，簡単すぎずの教材でよかった。
	グループワークへの好評価	1	・文章（小テスト）やグループワークで自分の意見を発表する時，自分の考えを整理でき，また相手の意見（自分の違う考え）を聞くことで考えが変わり広がった。
	小テストへの好評価	2	・各回ごとに小テストを設けることで予習 → 今回の授業内容 → 復習というサイクルができて「生きた授業」ができ，内容が次につながるようなものであった。
概念理解への否定的反応	授業手順・内容全般への要望・不満	2	・先生の話をすぐに理解できないときがあったのでプリントや映像を通して説明してほしかった。視覚でわかるようにしてほしかった。
学習意欲への肯定的反応	授業手順・内容全般への好評価	9	・予習と復習が強制されないように感じる授業の進め方だったので，苦を感じずに授業に臨むことができた。 ・毎回の授業が楽しかった。進め方もよく，1 回 1 回の授業で達成感があった。
	教材への好評価	1	・良いと思う。専門用語が多かったが，勉強しがいのある教科書だった。
	グループワークへの好評価	10	・普通の授業のように先生の話をただ聞く授業じゃなくてみんなで話し合うので授業に参加している意識が高まりよかったです。 ・班学習なので他の人に迷惑をかけられないという気持ちもあったので一生懸命した。
	明瞭な課題への好評価	1	・課題が与えられることにより，「しなければならない」と思い必ずするようになっていたのでよかった。
	学習への興味の向上	7	・一つの分野に絞ってディクテーションしているのですが，まんべんなくいろんな分野をディクテーションしたほうがいいでしょうか？　英語力を上げるには。 ・英語を聞いたり読んだりすることが大切ですが，どんな英語を聞くのが効果的ですか？
	学習への意欲向上	2	・夏休みに英語力をしっかり身につけたいと思いました。
	学習行動への結びつき	1	・電車の中で，TED のディクテーションをします。（シャドーイングや書き取りも勿論します。）
学習意欲への否定的反応	グループメンバーへの要望・不満	4	・予習をしていない学生がいて，グループワークで同じ学生が話しているということがあった。
	ルール徹底への要望	2	・「グループでまとめ，全体で討論する」時間を予め決めておいてほしい。
	テストへの要望・不満	1	・強いて言うなら，記述のテストじゃない方が嬉しいです。
合計		50	

4．考察

4.1　TBLが概念理解に与える効果

　試験の結果から，TBLに取り組むことによって概念理解が促進されることが示された。特に具体例／詳細説明について高い効果が得られた。この結果には2つの理由が考えられる。

　1つは，TBLに取り組むことによって，他者へ概念を説明する場面が講義の場合よりも増えるだけでなく，そのとき定義のみを説明してもなかなか相手に理解してもらえず，さまざまな例を出しながら理解をさせようとする状況をより多く経験していることが考えられる。他者への説明が自己の理解を促進することは多数報告されており（例えば深谷ら，2016; 深谷，2011; 市川，2000），そうした経験が概念理解を促したと考えられる。

　もう1つは，小テストを含む，「予習 → 授業 → 復習」サイクルの徹底である。TBL群では復習課題として，授業で扱った用語の説明ができるように準備するよう指示し，次の授業の初めに小テストを実施している。自由記述の中にも，小テストの有効性に言及したものが見られ，復習課題として効果的に機能したと言える。

　また，本結果において特筆すべきは，講義＋活動群は15回目の授業に行われた期末試験であるのに対して，TBL群は8回目の授業で行われた中間試験であったにもかかわらず，TBL群の成績が上回った点である。本研究で実施したような講義形式では，授業内で内容をすべて網羅しようとすると授業進度は遅くなりがちである。一方，TBLではより多くの内容を一度の授業で扱うことができるようになる。自由記述においても，授業の進め方そのものを肯定的に捉えたものが複数見られ，TBLの授業設計は概念理解を促進させることに寄与したと言えるだろう。

4.2　TBLが学習意欲に与える効果

　匿名授業アンケートで測定した，受講マナー，ノートまとめ行動，授業への集中においては両群に大きな差は見られなかった。これらの指標の平均値は両群においていずれも4.2以上の値を得ており，天井効果の可能性が考えられる。同アンケートによって測定した平均予習・復習時間について，講義＋活動群の0.95時間に対して，TBL群では1.50時間という結果が得られた。一方，自由記述アンケートにおいては，TBL群の受講生は，他の授業に費やした平均的な学習量に比べて，約1.7倍の学習量を申告している。このことからまず，TBLを実施することにより学習行動に量的な変化が生じることが示唆される。

　また，自由記述の分析からも学習意欲に与える効果が何点か見受けられる。「学習意欲への肯定的反応」のカテゴリーのうち，具体例の数が多かった，「グループワークへの好評価」「授業手順・内容全般への好評価」「学習への興味の向上」を中心に考察したい。

　第1に，グループワークによる学習意欲への好影響である。表4-5が示すとおり，「みんなで話し合うので授業に参加している意識が高ま」ることや，「他の人に迷惑をかけられないという気持ち」によって学習意欲が高められていることが推察される。他者に説明をしたり他者と議論したりするという活動自体の楽しさに加え，グループとして1つの答案を作成するという共有された課題の存在が，学習意欲の向上につながっていると言える。一方で，学習意欲への否定的反応として，「予習をしていない学生がいて，グループワークで同じ学生が話していることがあった」という記述が得られたことにも注意が必要である。グループワークを行ううえでの前提となる，学生個人の準備を徹底させる仕組みの構築が重要であると言える。

　第2に，TBLの指導手順や内容全般が学習意欲に好影響を与えたことがうかがえる。例えば「予習と復習が強制されないように感じる授業の進

め方だったので，苦を感じずに授業に臨むことができた」といった記述からは，「予習 → 授業 → 復習」サイクルの徹底は個人の学習目標になるだけでなく，グループワークに積極的に参加するための必須条件にもなり，複数の要因から学習意欲が支えられていることが見て取れる。ただし，「『グループでまとめ，全体で討論する』時間を予め決めておいてほしい」という記述からも，より取り組みに意欲が持てるようにルールを改善する余地は残される。

第3に，学習への興味を向上させたことが読み取れる。興味深いことに，「英語を聞いたり読んだりすることが大切ですが，どんな英語を聞くのが効果的ですか？」に代表されるように，具体例はすべて自身の英語学習の方法への質問であった。本授業科目，「第二言語習得研究（外国語としての英語の学び）」の内容に対する直接的な興味をかきたてたことの証左と言えよう。

4.3　本研究の意義

本研究は，医療分野以外では近年あまり実践の報告が蓄積されなかった TBL による取り組みを，英語教育学分野において行い，概念理解と学習意欲に与える影響を検討した。特に，1つの授業実践の事前・事後の変化の報告ではなく，TBL の効果を前年度に実施した講義＋活動形式の授業と比較検討したという点で，より客観的な知見を提供することができた。

また，これまでの TBL の実践では，授業への参加度やチームへの帰属意識など情意面の変化の検討が中心であったところ，概念理解という学力の認知面に関して効果を実証できたことの意義は大きいと考えられる。さらに，TBL 群においては，講義＋活動群と比べておよそ半分の授業時間でありながら概念理解が上回った点は，大きな実践的価値があると言えよう。

4.4　本研究の限界と今後の展望

　以上のように本研究は学術的，実践的に一定の貢献ができたと思われるが，以下の 2 点が限界として挙げられる。

　1 つ目は，TBL 群において受講生が小テストの採点，および試験における概念理解度を測定するために使用したルーブリックには改善の余地が認められた点である。TBL 群の授業では，小テストの採点は受講生が他の受講生と答案を交換し，ルーブリックを用いて採点した。しかしながら，自由記述を見ると，ルーブリックに言及した 11 のコメントのうち，6 つは否定的なものであった。例を挙げると，「自分が授業を理解していない時があったので評価するのが難しかったです」「各々で評価表のとらえ方が違ったような気がした」のように，評価の困難さや信頼性への疑念などが見受けられた。また，分析において筆者と大学院生との一致度を算出した際も，非常に高いと言える水準ではなかった。ルーブリックは近年注目されており，その測定の精度を高めることは教育実践においても不可欠であると考えられる。

　2 つ目は，本研究で得られた結果は，TBL の実践のどの部分によるものかが明確にし切れていない点である。本研究では，英語教育学における基本的な専門知識を身につけるという科目の性質上，概念理解を学力の側面として取り上げた。そしてその向上を促進するため，Michaelsen and Sweet (2008) や須野ら（2013）による TBL の基本形をアレンジし，復習課題として記述式の小テストを取り入れた。授業実践全体としては概念理解の促進に大きな効果を上げたが，厳密には TBL の形態を取らずに記述式の小テストを取り入れた授業を実施しても同様な結果が得られた可能性は否定できない。今後は，記述式の小テストを取り入れることによってTBL におけるグループ活動そのものがどのように影響を受け，その結果として学力がどのように向上していくかというプロセスを丁寧に検討する必要があるだろう。

　第5章，第6章では受講生に実施したインタビューでの発話を質的に分析することにより，TBL型授業を受けるなかでどのようなプロセスを通して概念理解や学習意欲に変容が生じるかにより焦点を当てる。第7章，第8章では本章の研究とは異なる「英語学」の授業において，復習小テストを実施せずにTBL型授業を実施する。その結果を本章の研究と比較することにより，TBL個別の効果を特定することを目指す。

第5章

TBL はどのように学習効果を高めるのか（研究2）

1．問題と目的

1.1 問題

　研究1（第4章：関谷, 2017）では, 英語教育学専門科目の一つである「第二言語習得研究」に TBL を導入し, 概念理解と学習意欲に与える影響を, 前年度の講義＋活動型の授業と比較することによって検討した。その結果, TBL 型の授業は講義＋活動型の授業よりも学習者の概念理解と学習意欲を高めることを明らかにした。

　一方で以下の点が課題の一つとして残されていた。それは, 得られた結果は, TBL の実践のどの部分によるものかが明確にし切れていない点である。すなわち, TBL 型の授業は, 予習の前提, チームテスト（tRAT）, 他者との討論など, 講義＋活動型の授業にはない要素が複数あり, どの要素がどのようなプロセスを経て概念理解や学習意欲に影響を与えるのかが不明のままであった。

　この疑問点に示唆を与える先行研究として, 新福ら（2014）による一連の研究がある。新福ら（2014）は, 看護学実習を終えた学生に対して, 自由記述による TBL に関する意見・感想を収集し, 質的な研究を行った。その結果, TBL 導入後の初期段階では, その学習法に戸惑いを感じるものの, 徐々に学習の充実感や復習へのニーズを実感するようになり, 最後にはチームで高め合う達成感を得るように変容するプロセスを見いだし

た。質的な手法により，学習者の精神面が変化する様子を丁寧に検討したものであり，貴重な知見であると言える。しかし，研究1で残った課題を克服するには，第1に精神面の変容プロセスに加え，概念理解の変容プロセスを検討すること，第2にそれらの検討を英語教育学の専門科目の授業で行うことが不可欠であると言えよう。

1.2　目的

そこで本研究では，TBLを取り入れて大学の英語教育学専門科目の授業を実施し，概念理解と学習意欲に与える影響とそのプロセスを明らかにすることを目的とする。第2節（研究2a）では，研究1で行ったTBL型授業を異なる受講生に実施し，その効果を研究1のものと比較し再確認する。第3節（研究2b）では，受講生を対象に半構造化面接を行い，TBL型授業が概念理解と学習意欲に与える影響のプロセスを描き出すことを目指す。

2．TBLが学習効果を高めることの再検討（研究2a）

2.1　方法
（1）研究対象者

私立女子大学の国際教養学部国際教養学科の英語教育学の専門科目群の一つで，2年生以上を対象に選択科目として開講された「第二言語習得研究（外国語としての英語の学び）」（2単位）の受講生を対象とした。そのうち，後述する各群の試験日までの授業日数の4分の3以上出席した者のみを分析対象者とした。その結果，2015年度に受講した25名を講義＋活動群，2016年度に受講した13名をTBL群2016，2017年度に受講した12名をTBL群2017とする，合計50名が研究対象者となった。

(2) 授業の概要

　筆者が授業者として，講義＋活動群と2つのTBL群を以下のとおり異なる指導法で教えた。使用テキストは3群すべて，白井（2012）の『英語教師のための第二言語習得論入門』を指定した。授業のシラバスは，表5-1のとおりである。

　講義＋活動群においては，第14回までで白井（2012）の78ページまでを扱ったのに対して，2つのTBL群では，第6回時点で78ページまでを終了し，第13回時点で本文最後（145ページ）まで読み切った。よって，講義＋活動群の期末試験と，2つのTBL群の中間試験の範囲は同じであった。

　講義＋活動群は，初回の授業ガイダンスと最終回の期末試験を除いて，授業は原則として講義形式で行い，必要に応じて活動を導入した。2つのTBL群は，下記の手順で授業を行った。

①授業に先立ち，前時の復習，本時の予習を行う。

②語句説明の記述式問題（2～3問からなる小テスト）を個人で受ける（資料1）。

③ルーブリックを参照しながら，答案を採点する（資料2）。

④ハンドアウト（資料3）を配布し，予習（後述）でテキストの指定された箇所の理解度をチェックする四者択一問題に個人で取り組む。

⑤4～5人のグループを作り，話し合いによって四者択一問題のグループとしての解答を決定する。

⑥各グループが答案を発表し，他グループと答案が異なる場合，正答を巡って議論する。

⑦授業者が正答を伝え，補足説明をする。

⑧応用課題を行う。扱う題材によっては，扱った教授法を体験したり，それが講義で学んだ理論からどのように説明できるかを討論する。内容や手順は，講義＋活動群における活動と同様である。

⑨復習課題と予習課題を伝える。

表 5-1　授業シラバス

講義＋活動群			TBL 群 2016，TBL 群 2017	
	授業内容	テキスト	授業内容	テキスト
第 1 回	ガイダンス		ガイダンス	
第 2 回	第二言語習得と英語教育	～ p.7	バイリンガルの利点，個人差，動機づけ	～ p.12
第 3 回	年齢要因，母語によるフィルター	～ p.12	SLA 研究から見た効果的な学習法	～ p.28
第 4 回	外国語学習における個人差・外国語学習適性	～ p.20	言語習得の本質とは何か	～ p.50
第 5 回	動機づけと学習との関係	～ p.26	効果的な外国語学習法・教授法	～ p.64
第 6 回	SLA 研究からみる効果的学習法	～ p.29	日本の現状	～ p.78
第 7 回	クラッシェンの「インプット仮説」①	～ p.36	総復習	
第 8 回	クラッシェンの「インプット仮説」②	～ p.44	**中間試験**	
第 9 回	まとめ（第二言語習得研究から日本の英語教育へ）	～ p.50	中間試験返却と小学校英語教育のこれから	～ p.96
第 10 回	効果的な外国語学習法・教授法①	～ p.52	中学校英語教育のこれから	～ p.108
第 11 回	効果的な外国語学習法・教授法②	～ p.60	高校英語教育のこれから	～ p.128
第 12 回	インプットとアウトプットの組み合わせ	～ p.64	大学生，社会人のための英語教育①	～ p.136
第 13 回	ミクロに考える：第二言語習得研究の授業への活用	～ p.69	大学生，社会人のための英語教育②，総復習	～ p.145
第 14 回	マクロに考える：教員養成，入試について	～ p.78	期末試験	
第 15 回	**期末試験**		総括：期末試験返却と最終課題の説明	

（3）各変数の測定

1）概念理解

　概念理解度を測定するため，講義＋活動群で15回目の授業で実施された期末試験，2つのTBL群で8回目の授業で実施された中間試験において，両群の試験に共通して出題された，下記の用語の説明記述問題6問を使用した。

1）言語転移における負の転移
2）臨界期仮説
3）適性処遇交互作用
4）統合的動機づけと道具的動機づけ
5）インプット仮説
6）自動化理論

2）学習量

　TBL群2017に質問紙を配布し，「他の授業に費やした平均的な学習量を10とすると，この授業に費やした学習量は？」という問いに対して数字を記入するよう求めた。

3）前年度のGPA

　受講生が前年度に履修したすべての科目の成績GP（Grade Points）の平均値（GPA）を算出した。GPAは，講義＋活動群は2.86，TBL群2016は2.80，TBL群2017は2.98であった（$F(2, 47) = .20, p = .82$）。学力をどの被験者も一定になるように条件を統制するため，平均値の群間比較においては，GPAを共変数として投入した。

2.2 結果と考察

（1） 概念理解

　各群に共通して出題された，重要語句の説明記述問題 6 問の成績を算出した。測定にあたっては，全 6 問に対して定義，具体例／詳細説明，日本語表現の 3 つの観点を設け，配点はそれぞれ 3 点，3 点，2 点とし，1 問につき 8 点満点とした。採点は授業にも使われたルーブリックを使用し，筆者と英語教育学を専攻して修士号を取得した協力者が独立して行った。分析には 2 名の採点者の平均値を用いた。各群における観点別平均点を表 5-2 に示す。

　結果の解釈にあたっては，試験を受けるまでの授業時間数が異なることに注意が必要である。つまり，結果には授業の方法のほか，授業時間数が影響を与えると考えるのが自然である。試験までの授業数の多い講義＋活動群の方が成績が良ければ，その原因を授業の方法と授業時間数のどちらかに特定することは難しい。一方，TBL 群の方が試験の成績が良ければ，結果は授業の方法によるものであると積極的に解釈してもよいだろう。

　全 6 問の定義，具体例／詳細説明，日本語表現の合計点，および総合得点について，2 つの直交対比の検討（南風原, 2014）を行った。1 つ目の対比は指導法の対比であり，講義＋活動群，TBL 群 2016，TBL 群 2017 にそれぞれ -2, 1, 1 の係数を割り当てた。2 つ目の対比は TBL 群における実施年度の対比であり，3 群にそれぞれ 0, -1, 1 の係数を割り当てた。こうすることにより，TBL の効果，さらに実施年度による効果の違いを検討できる。なお，これらの検討にあたっては前年度の GPA を共変数として分析に投入した。

　その結果，総合得点において，指導法の対比の主効果が有意となり（$F(1, 46) = 5.29, p < .05$），2 つの TBL 群が講義＋活動群よりも高い得点であることが示された。観点別に見ると，具体例／詳細説明において，指導法の対比の主効果が有意となり（$F(1, 46) = 15.99, p < .01$），2 つの TBL 群

が講義＋活動群よりも高い得点であることが示された。定義（$F(1, 46)$ = .72, *n.s.*），および日本語表現（$F(1, 46)$ = 2.04, *n.s.*）においては，指導法の対比に有意な主効果は見られなかった。

　実施年度の対比に関しては，総合得点（$F(1, 46)$ = .00, *n.s.*），定義（$F(1, 46)$ = .01, *n.s.*），具体例／詳細説明（$F(1, 46)$ = .21, *n.s.*），日本語表現（$F(1, 46)$ = 1.16, *n.s.*）のいずれにおいても有意な主効果は見られなかった。群ごとのテスト得点の平均を表5-2，図5-1に示す。

　これらの結果から，研究1（第4章：関谷, 2017）に引き続き，TBLに

表5-2　用語説明テスト得点の平均（括弧は *SD*）

観点	講義＋活動群 （$n = 25$）	TBL群 2016 （$n = 13$）	TBL群 2017 （$n = 12$）
定義合計点	14.00　(4.50)	14.62 (3.25)	15.21 (2.96)
具体例／詳細説明合計点	10.04　(4.01)	13.58 (4.16)	14.67 (3.51)
日本語表現合計点	9.44　(2.72)	10.69 (2.23)	10.04 (2.03)
総合得点	33.48 (10.89)	38.88 (9.30)	39.92 (8.27)

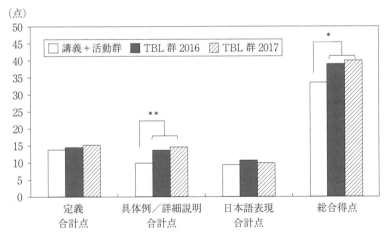

図5-1　用語説明のテスト得点の比較
**p < .01　　*p < .05

取り組むことによって概念理解が促進されることが示された。特に具体例／詳細説明について高い効果が得られた点においても同様であった。TBLを授業設計に取り入れることにより，より速い進度で学習内容を扱うことが可能となり，かつ概念理解に好影響を与えることを再現できたと言える。

（2）学習量

　回答を得た TBL 群 2017 の 12 名を分析対象とした。「他の授業に費やした平均的な学習量を 10 とすると，この授業に費やした学習量は？」に対して得た数字の平均値を求めたところ，18.33（$SD = 15.12$）を得た。研究 1（第 4 章：関谷 , 2017）では，TBL 群 2016 の受講生は，他の授業に比べて約 1.7 倍の学習量を実感しており，TBL 群 2017 においては約 1.8 倍と，若干高めの学習量を実感していることが示された。

　3．TBL が学習効果を高めるプロセス（研究 2b）

3.1　目的

　研究 2a の目的は，TBL を取り入れて大学の英語教育学専門科目の授業を実施し，概念理解と学習意欲に与える影響とそのプロセスを明らかにすることである。その検討を行うにあたり，以下の 3 つのリサーチクエスチョン（以下：RQ）を設定した。

　RQ1：グループワークは概念理解と学習意欲をどのように促進するか。

　RQ2：グループワークを機能させる学習者自身の要因は何か。

　RQ3：学習者はグループ内の他者からどのような影響を受けるのか。

3.2　方法

　TBL 型授業で学ぶ学習者の経験を幅広く捉え，その意味づけを明らかにするため，半構造化面接を用いた質的な研究法を採用した。

（1）半構造化面接の時期

面接は，授業期間が終了する直前の 2017 年 7 月から 10 月の間に行った。

（2）半構造化面接の協力者

2017 年度に TBL 型授業で実施した「第二言語習得研究（外国語としての英語の学び）」の受講生に依頼した。TBL 型授業への適応度に多様性を持たせるため，以下の手続きを踏んでサンプリングを行い，6 名を分析対象とした。

外れ値を除き，受講生の直前学期の GPA から概念理解度の合計点を予測する単回帰分析を行い，GPA からの予測値とほぼ同じ概念理解度を持つ受講生 2 名（A さん，B さん），予測値よりも高い概念理解度を持つ受講生 2 名（C さん，D さん），予測値よりも低い概念理解度を持つ受講生 2 名（E さん，F さん）を選定し，調査を依頼した（図 5-2）。

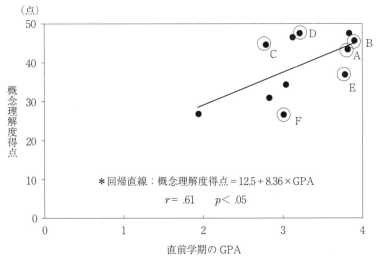

図 5-2　直前学期の GPA から概念理解度得点を予測する回帰直線と散布図

（3）倫理的配慮

　調査目的と内容を説明し，調査協力は協力者の自由意志であること，個人情報の保護とデータの管理を徹底すること，音声を録音することを伝え，協力の許可を得た。

（4）質問内容

　質問の内容は，以下のとおりである。1）〜5）は，TBL 型授業によるグループワーク体験に関する質問，6）〜10) は，グループワークの意味を明らかにする質問である。

1）グループワークはどのような体験だったか。

2）グループワークについてどのように感じていたか。

3）グループワークについてどのような点を重視して取り組んだか。

4）最初から中期，最後に至るまでに変化があったか。

5）印象深いことを挙げるとしたら何か。

6）グループワークはどのような意味を持っているか。

7）これからもグループワークに取り組みたいか。

8）他の授業でもグループワークに取り組みたいか。

9）グループワークの長所や問題点は何か。

10) 改善すべき点はあるか。

（5）分析方法

　M-GTA（Modified Grounded Theory Approach）を一部援用し，後述の手順で分析を行った。M-GTA を参考にしたのは，ヒューマンサービス領域における社会的相互作用とそのプロセスを明らかにする研究に適していること，手順が明確化されていること，特定の領域に密着した理論生成が

可能であること（木下, 2003）から，本研究に適していると判断したからである。

（6）分析手順

　面接内容の逐語データをすべてプロトコルに書き起こし，以下の手順で分析を進めた。

　①データを読み込む。

　②RQ1〜3に沿って分析テーマを設定する。

　　分析テーマは，㋐グループワークの機能，㋑グループワークを機能させる個人内要因，㋒グループ内の他者が与える影響とした。

　③具体例を抽出する。

　　対象者のプロトコルから，分析テーマと関連する箇所に着目し，概念の具体例とした。

　④概念の解釈を行う。

　　解釈にあたっては，分析テーマに対する答えを意識しながら概念を生成した。

　⑤概念の吟味を行う。

　　他のデータとの関連から概念名の妥当性の検討を行い，必要に応じて修正した。

　ここまでの作業は，分析ワークシート（木下, 2003）を作成しながら行った（資料4）。

　⑥カテゴリーの生成を行う。

　　具体的には，概念がある程度生成されたら，それらの関係性を検討した。

　⑦関連図を作成する。

3.3 結果

⑦〜⑨の分析テーマに沿って生成された概念を整理し，表5-3（pp.54〜55）に示す。以下では関連図（図5-3，p.56）の中で，各概念について説明する。【 】は概念を示す。

（1）グループワークの機能

学習者はまず，【少人数グループによるコミュニケーション促進】を体験していた。少人数なので緊張感が軽減されて発話が促され，他者とコミュニケーションすること自体に慣れていき，その楽しさを実感した。このように他者との触れ合いを通して学習意欲が促進されるプロセスは多くの学習者に見られ，グループワークの持つ一般的な機能であると言える。

学習者はまた，グループワークを通して【他者の異なる意見からの学び】を得ていた。他者の違った見方，ものの考え方に触れ，新鮮さや楽しさを感じ，自分の中に取り入れていく様子が見られた。こういった概念理解を深化させるプロセスに関する語りも多くの学習者から得られ，グループワークの一般的な機能であると考えられる。ただしこのような好ましい機能は後述するとおり，条件によっては阻害される場合もあることが示唆された。

（2）グループワークを機能させる個人内要因

【将来に向けたコミュニケーションスキルの向上心】を持つことにより，グループ内の討論を経験すること自体に対して意味を見いだしている様子が見られた。自分の進路に関連して具体的にコミュニケーションを必要とする場面を思い描くことができると，向上心は強くなる傾向があった。活発なコミュニケーションを経験するためには，積極的に討論に参加する必要があり，【討論のための準備の重要性】を認知していた。

そうはいっても，学習者は常に万全の準備をして討論に臨んでいるわけ

ではなく，時には準備不足のため，グループの討論に十分貢献できなかったと反省することもあった。例えば，グループ内で沈黙が続いてしまったときなどに自分が発言できず，状況を打破できないことなどを経験していた。そのような経験を経て，自分が準備不足であることによる他者への影響を痛感し，【グループメンバーへの配慮】が生まれると考えられた。また，議論が活発化したときに，相手の話をしっかりと聞いて受け止めることの重要性を指摘した学習者もいた。

(3) 他者が与える影響

　他者の振る舞いはグループワークに大きな影響を与えていることがうかがえた。まず，【議論を活性化させ安心感を与えるリーダー】は，グループワークが概念理解と学習意欲を高める機能を促進する。学習者の語りの中で頻繁に言及されたのは「先輩」であった。大多数の受講生が2年生であるなか，交換留学などのために上級学年になってから履修している「先輩」も含まれた。「先輩」は議論を引っ張っていってくれる頼れる存在であり，あこがれの的にもなっていることがうかがえた。このようにリーダーともいえる存在があるとき，司会進行機能が強化され，グループメンバーに安心感を与えることが考えられた。

　その一方で，【協力しない他者】を認知すると，強い不満が生まれた。【協力しない他者】によって，まず【他者の異なる意見からの学び】が抑制された。他者が自分とは違う視点を提供できないためである。さらに，グループ内の各個人が【他者の異なる意見からの学び】に対して失望感を高めていくと，【少人数グループによるコミュニケーション】の機能も停止に向かうことがうかがえた。学びが得られないと感じると，準備をしっかりしている学習者も交流することをあきらめてしまうと考えられた。

表5-3　概念一覧

カテゴリー名	概念名	定義	具体例	件数（敬称略） A	B	C	D	E	F
概念理解と学習意欲を促進するグループワークの機能	少人数グループによるコミュニケーション促進	少人数のグループ活動によって精神的敷居が下がり、コミュニケーションへの慣れや楽しさの実感が促進されること	単純に、意見交流の場に、意見交流が活発にできるというか、自分の意見を大人数、その、クラス全員の前で発表することってどうしても緊張してしまうので、少人数だと、私はすごい意見が言いやすくて、意見交流が活発にできるというか、なんというか……。より、最初の方はやっぱり皆知らない、話したこともないので黙る方が多かったので、なんというか……。（A さん）／ あ〜、最初の方はやっぱり活発にできるというか、なんというか……。黙る方が多かったんですけど、結構最後の方は仲良くなって、あんまり沈黙もなくなった……（F さん）	2	1	2	2		6
	他者の異なる意見からの学び	グループ内の他者の異なる意見に触れることから学び、その意義や楽しさを感じること	なんか、自分のその、考えの狭さとかがわかるというか、なんというか……ふふふ。違う人の見方とか考え方を吸収するというか間って、私が、そういう見方もあるんだなと「ああ、そういう考え方もあるんだな」みたいなのがわかるのはすごい、なんか刺激的じゃないっていうか、新鮮自分の考えとかはなる。人の意見で良い所を自分の中に取り入れることができて、考えることとにすごい効果的だけど。……（E さん）	5		3	2	3	
	グループメンバーへの配慮	グループの雰囲気を良くし議論を活発にするために、他者の発言を尊重し、しっかり聞くこと、沈黙が起きたときは自分からでも発言したりすること	人がしゃべっているときは……まあ当たり前なんですけど、人が話しているときにはちゃんと聞いたり、なんかそのグループ内の子が嫌がるって思うような話し方はしないようにしなかったりまた、なったり……はしないように。でもやっぱり、あの、相手の子とかが「いや」まだ話じるとしみたいな感じになってしまうから、自分の考えとかはなるべく言うようにしてました。（F さん）	3			1		1
自己の情意要因	討論のための準備の重要性認知	グループに貢献し、討論をより有意義なものにするためには予習や準備が重要であると考えて実行する、または実行できなかったときは罪に罪悪感を抱くこと	ああ、変わりますね、やっぱり。グループワークなかったら、たぶん勉強してないっていうわけではないんですけど、なんか自分、真面目に本当けっこう読んでいっていうことはないにして、自分の意見は、まあ自分けど、はちゃんとこうだからって答えられるようにはしました。なんかうわりと最初の方に1回読んでなくて行ったことがあったんですけど、その先生に皆ちゃんとやってきてたのに、いつも「まあ、ここかな？」みたいな感じでできちゃって。ああ、自分もみたいな感じだったので。それはちょっとヤバいなと思ったので。（C さん）	2		2	2		4

大カテゴリー	サブカテゴリー	語り			
将来に向けた意識	将来自分が想定する進路でコミュニケーションスキルが必要であると認識し、向上させたいと思うこと	なんか、採用試験とか考えると……（グループワークをしておきたい）。（A さん） なんか、採用試験とか社会に出たときに、ミーティングとかって増えて、もちろん社会に出たらもっと増えて、社会に出たらもっと人と、まあかかわらない職もありますけど、かかわっていく方が多いじゃないですか。で、私もそういうグループワークを大切にしてた仕事に就きたいなって思ってるので、それは自分にとって凄い良いし、皆、良い学びになってると思っているので、やりたいなとは思ってます。（E さん）	1	3	1
議論を活性化させ安心感を与えるリーダー	リーダー的な他者の存在によって、議論が活性化して、課題に安心して取り組むことができること	4 年生の先輩がいらっしゃるんですよ。で、他のその 3 年生、すみません、2 年生とか 3 年生とかみたいな子だったりすると、どんな感じで話せばいいんだろうなっていうのを、なんか考えてしまうので、最初はけっこうだんだんですけど……でもこの 4 年生の先輩が、なんかすごい仕切ってくださるので、そこからどんどん話を意見交流を、最近では、できるようになったかもしれない……。（A さん） なんかすごい意見がはっきりしてもらっていうので、なんか意見でいうのかな、すごい考えてるなっていうか。まあもっと、頼りがいがあるなみたいな、頼りになってきました。はい。（F さん）	2	.	1	2
グループ内の他者　協力しない他者	他者が準備不足であるため議論が深まらないことに対する失望感と不平等感を抱くこと	今やってない人に話を聞いても「え〜読んでない、わからへん」って……。私はわからへんっていうので、さらに私がわかっていることを聞いてくるだけなんで……。どういうこと〜っていうので、さらにわかっているところをさらにやりたいのに、わかっていることとかばっかり聞かれても私の勉強にならない。（B さん） まあ見ていて思ったのが、昔、本読んでこないなって思いました。その、これ合ってるのかみたいな観点で決めたりとかして。まいないなみたいな。いやほとんど決めてくるから、それで決めてるからと。それでみんなで決めてるからって。余計あいまいで終わっていう。（E さん）	10	3	7
改善に向けての要望　改善に向けての要望	不満を解消するため、より充実した議論にするための改善に向けて要望すること	なんか、もうちょっと問題を深くして問題を増やしたり、……（C さん） う〜ん、具体的なやり方がわからないんですけど、グループになったとしても、ちゃんとやっている人とやってない人を見て欲しいっていうのはあって、見ててもちゃんとやっている人とやってない人は私にはわからないから、不安になるともあるから……見てるっていう。見てることっていうことがわかるようにして欲しいです。（B さん）	1	1	1	2

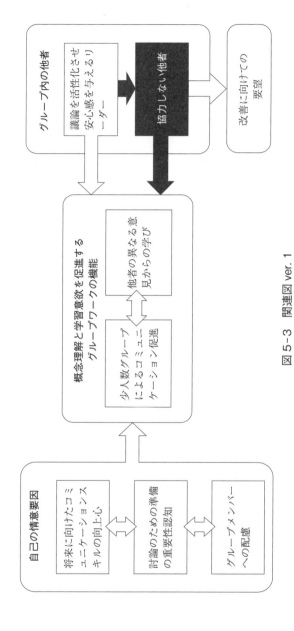

図 5-3 関連図 ver. 1

注1）角のない四角はカテゴリー、角のある四角は概念を表す。
注2）上下、左右矢印は相互に影響し合っていることを示す。
注3）影響を与える要因について、濃色部分は抑制要因を、白色部分は促進要因を示す。

(4) 改善に向けての要望

　改善すべき点は，議論が深まらないことに対する不満や，個人の貢献が正当に評価されない不公平感といった，前述の【協力しない他者】を受けての文脈で語られるものが多かった。そのほか，一部仮定的に想像しての語りも見られた。

　具体的には，問題をより難化，深化して予習を促す，グループ内討論の後はクラス全体で理由を明確にして発表し合う，貢献度を公平に評価するといったものであった。

4. 考察

　研究2a の結果から，TBL に取り組むことによって概念理解が促進されることが示された。特に，具体例／詳細説明において高い効果が得られた。この結果は研究1のものと一致し，TBL 型授業の効果の頑健性が示されたと言える。

　研究2b では，TBL が概念理解と学習意欲に与える影響のプロセスを質的な分析によって検討した。発話の具体例に基づき概念を生成し，その妥当性を検討しながらカテゴリーの生成を行ったのち，関係性を検討して関連図を作成した。具体的には以下のとおりである。

　概念理解と学習意欲を促進するグループワークの機能として，【少人数グループによるコミュニケーション促進】と【他者の異なる意見からの学び】が相互に作用する。このとき，個人の情意要因として，【将来に向けたコミュニケーションスキルの向上心】【討論のための準備の重要性認知】【グループメンバーへの配慮】を持っていると，相互に作用しながらグループワークの機能の活性化に寄与する。また，グループ内の他者に，【議論を活性化させ安心感を与えるリーダー】がいると，グループワークの機能が促進される。一方，【協力しない他者】が存在するとグループワークの

機能は抑制される。と同時に，【協力しない他者】の存在は【改善に向けての要望】にもつながる。

4.1　概念理解に与える影響

　研究 2a の結果から，TBL は概念理解のうち，とりわけ具体例／詳細説明を促すことが示されている。研究 2b からは，特に【他者の異なる意見からの学び】が直接，概念理解の促進に関連していると考えられる。研究 1 は，深谷ら（2016），深谷（2011），市川（2000）の知見に触れつつ，他者への説明が自己の理解を促進するプロセスを示唆しているが，本研究からはそれを支持する概念は形成されなかった。

　逆に，【協力しない他者】の具体例において B さんは，「私はわかっている人同士でわかっているところをさらにやりたいのに，わかっていることばかり聞かれても私の勉強にならない」と語っている。深谷ら（2016）は，「教え手が聴き手の理解状態に配慮しない」で，「断片的知識／解法手続きを一方的に教え」てしまうと教え合いの効果が高まらないとし，「関連づけられた知識を相互的に教え合う」行動に変容させることを提案している。

　ただし，本研究におけるグループワークは予習を前提としており，それを行っていない【協力しない他者】を目の前にすると，具体例が示すとおり感情的に不快感を抱くこともある。深谷ら（2016）の提案を取り入れるためには，グループメンバー全員が予習を行い，「教え合い」ができる最低条件を満たす必要があるだろう。

4.2　学習意欲に与える影響

　研究 2a および研究 1 によると，TBL で授業を受けた学習者は，他の授業に比べて 1.7 倍以上の学習量を実感している。学習量を学習意欲の行動指標と解釈した場合，TBL は学習意欲を促進する効果があると言える。研究 2a からは，関連図が示すとおり，自己の情意要因とグループ内の他

者から影響を受けながら，【少人数グループによるコミュニケーション促進】と【他者の異なる意見からの学び】の相互作用が中心となって学習意欲に影響を与えるプロセスが描き出されている。TBL が授業参加度など，学習意欲に関連が深い要因に好影響を与えることは，Mennenga (2013), Cheng et al. (2014)，須野ら（2013），所（2016）などでも示されており，本研究の結果はこれらの先行研究と一致する。

　また，【少人数グループによるコミュニケーション】における，「最初の方はやっぱ皆知らない，話したことない方が多かったのでちょっと沈黙が多かったんですけど，結構最後の方は仲良くなって，あんまり沈黙もなくなってすごい楽しかったです」という F さんの語りに象徴されるように，TBL 導入後の初期段階には戸惑いがあっても最後には充実感を得るという時間的変化が見られる。これは新福ら（2014）の一連の研究とおおむね一致する。

　一方，研究 1 は，TBL 型の授業が高い学習効果を示したものの，それは同時に導入した小テストの実施の効果でもある可能性を否定できない点を限界点として指摘していた。その点において，本研究では，小テストのために学習量や学習意欲が促されたという趣旨の概念は生成されなかった。むしろ，【討論のための準備の重要性認知】が示すとおり，グループに貢献し，討論をより有意義なものにするために予習が重要であると認識する様子が描き出されている。小テストの影響が皆無であるとは断定できないが，この事実は学習者の意欲を高め，行動を促す方法を考える際に示唆を与えるものであると言えよう。

4.3　本研究の意義と今後の展望
　本研究は，TBL を取り入れた授業を英語教育学分野において行い，第 4 章で課題として残された，学習者の概念理解と学習意欲が促進されるプロセスを検討した。本研究では特に，量的な検討結果を踏まえたうえで質

的な手法により詳細に TBL における学修の実態を描き出すことができた。この意義は大きい。本研究で得られた知見は，TBL 型の授業だけでなく，さまざまな形態のグループワークへ応用できる可能性を秘めており，実践的価値も高いと言えよう。

　一方で，本研究には以下の課題が認められる。それは，いわゆる「フリーライダー」問題である。研究 2b から，グループワークに【協力しない他者】，いわゆるフリーライダーの存在とその問題点が浮き彫りになった。フリーライダーはアクティブ・ラーニングにおいてその存在が問題視されており（湯川・木村・碇山, 2016），本研究においても概念理解や学習意欲を促進するグループワークの機能を抑制することが示された。【改善に向けての要望】の具体例にあるように，評価の公正化や課題の難化・深化も検討する余地がある。

　その一方で，概念一覧の件数が示すように，【議論を活性化させ安心感を与えるリーダー】がグループ内に存在する場合，【協力しない他者】がほぼいないということは注目に値する。このことから 2 つの実践的示唆が得られるだろう。1 つは，グループの構成メンバーを決定する際，意図的にリーダー的存在を組み入れることの有効性である。もう 1 つは，【議論を活性化させ安心感を与えるリーダー】の要件を精査することである。要件がわかれば，それをグループメンバーに教えることによって，グループワークの機能を高めることのできる「リーダー的な存在」を育てることができる。

　次章では TBL 型授業におけるグループワークにおいて，メンバーの役割意識を強化する介入を加え，「フリーライダー」問題の解決を図るとともに，より高い学習促進機能を持つグループワークを模索する。

第**6**章

フリーライダーをどのように克服するか（研究3）

1．問題と目的

1.1　問題

　研究2（第5章：関谷, 2018）の検討の結果，TBLには概念理解と学習意欲の促進に一定の効果があることを示した。さらに，質的な分析によりグループワークにおける学習プロセスを図式化した。一方で，グループワークに協力しないメンバー，いわゆるフリーライダーがグループ内に存在すると学習が抑制されることも示され, その解決が課題として残されていた。具体的には，グループ内の他者に, 【議論を活性化させ安心感を与えるリーダー】がいると，グループワークの機能が促進される一方で，【協力しない他者】が存在するとグループワークの機能は抑制される。このことから，今後の課題として研究2では，グループ内の【協力しない他者】の存在，いわゆる「フリーライダー」問題の解決を強調した。

　フリーライダーはアクティブ・ラーニングにおいてその存在が問題視されている（湯川・木村・碇山, 2016）。研究2ではその解決の糸口として，【議論を活性化させ安心感を与えるリーダー】がグループ内に存在する場合，【協力しない他者】がほぼいないということに着目し，2つの方向性を示している。1つは，グループメンバーを決定する際，意図的にリーダー的存在を組み入れることである。もう1つは，【議論を活性化させ安心感を与えるリーダー】の要件を精査したうえでグループメンバーに教授し，グ

ループワークの機能を高められるメンバーを育成することである。

1.2　目的

　そこで本実践では，大学の英語教育学専門科目のTBL型授業において，フリーライダーの問題を克服し，学習者の概念理解と学習意欲を改善することを目的とする。具体的には，上述の2つの方向性を踏まえ，授業の初期段階にリサーチアシスタントに協力を願い，グループワークの司会進行役を担ってもらい，中期以降に各グループメンバーに司会進行役や第1発言者，第2発言者役などの役割を付与する。こうすることにより，与えられた役割の担い方がわかるメンバーがグループ内にいなくても，身近で観察して役割を学習することができ，役割を授業者から付与されることによって役割を担うことへの遠慮や躊躇する気持ちを軽減することが期待できる。

　次節では，本授業実践について説明する。続く第3節では，量的分析を用いて本実践を前年度以前のものと比較するとともに，自己評価アンケートからフリーライダーの存在可能性を探る。第4節では質的分析により，グループメンバーへの役割付与がフリーライダーの出現を抑制できたかどうかを確認し，TBL型授業が概念理解と学習意欲に与える影響プロセスを捉え直す。

2．授業実践

2.1　対象者

　私立女子大学の国際教養学部国際教養学科で，2015年度から2018年度までの各年度に，2年生以上を対象に選択科目として開講された「第二言語習得研究(外国語としての英語の学び)」(2単位)の受講生を対象とした。そのうち試験日までの授業日数の4分の3以上出席し，問題なく試験を受けた者を分析対象とした。その結果，講義＋活動型の授業を受けた2015

年度の受講生 24 名，TBL 型の授業を受けた 2016 年度と 2017 年度の受講
生それぞれ 13 名と 12 名，グループ活動時に役割を与えられて TBL 型の
授業を受けた 2018 年度の受講生 16 名の合計 65 名が分析対象者となった。

2.2　授業の概要

　筆者が授業者として上述の科目をすべての年度において担当した。使用
テキストは白井（2012）の『英語教師のための第二言語習得論入門』を指
定した。授業のシラバスは表 6-1 のとおりである。

　講義＋活動型授業では，第 14 回までで白井（2012）の 78 ページまでを
扱ったのに対して，TBL 型授業では，第 6 回時点で 78 ページまでを終了
した。よって講義＋活動型授業における期末試験と，TBL 型授業におけ
る中間試験の範囲は同じとなった。

　講義＋活動型授業（2015 年度実施）では，授業者が内容をスライドに
まとめたものを投影しながら解説する講義形式で行い，必要に応じで活動
を導入した。TBL 型授業（2016 〜 2018 年度）では，下記の手順で授業を
行った。

　①授業に先立ち，前時の復習・本時の予習を行う。

　②語句説明の記述式問題（2 〜 3 問からなる復習テスト）を個人で受け
　　る（資料 1）。

　③ルーブリックを参照しながら，答案を採点する（資料 2）。

　④ハンドアウト（資料 3）を配布し，予習（後述）の理解度を確認する
　　四者択一問題に個人で取り組む。

　⑤ 4 〜 5 人のグループを作り（本実践では 5 つのグループ），話し合い
　　によって問題の解答を決定する。

　⑥各グループが答案を発表し，他グループと答案が異なる場合，正答を
　　巡って議論する。

　⑦授業者が正答を伝え，補足説明をする。

表6-1 授業シラバス

	講義＋活動型（2015 年度）		TBL 型（2016 ～ 2018 年度）	
	授業内容	テキスト	授業内容	テキスト
第1回	ガイダンス		ガイダンス	
第2回	第二言語習得と英語教育	～p.7	バイリンガルの利点，個人差，動機づけ	～p.12
第3回	年齢要因，母語によるフィルター	～p.12	SLA 研究からみた効果的な学習法	～p.28
第4回	外国語学習における個人差・外国語学習適性	～p.20	言語習得の本質とは何か	～p.50
第5回	動機づけと学習との関係	～p.26	効果的な外国語学習法・教授法	～p.64
第6回	SLA 研究からみた効果的学習法	～p.29	日本の現状	～p.78
第7回	クラッシェンの「インプット仮説」①	～p.36	総復習	
第8回	クラッシェンの「インプット仮説」②	～p.44	**中間試験**	
第9回	まとめ（第二言語習得研究から日本の英語教育へ）	～p.50	中間試験返却と小学校英語教育のこれから	～p.96
第10回	効果的な外国語学習法・教授法①	～p.52	中学校英語教育のこれから	～p.108
第11回	効果的な外国語学習法・教授法②	～p.60	高校英語教育のこれから	～p.128
第12回	インプットとアウトプットの組み合わせ	～p.64	大学生，社会人のための英語教育①	～p.136
第13回	ミクロに考える：第二言語習得研究の授業への活用	～p.69	大学生，社会人のための英語教育②，総復習	～p.145
第14回	マクロに考える：教員養成，入試について	～p.78	期末試験	
第15回	**期末試験**		総括：期末試験返却と最終課題の説明	

⑧応用課題を行う。扱う題材によっては，扱った教授法を体験したり，それが授業で学んだ理論からどのように説明できるかを討論する。内容や手順は，講義＋活動型授業における活動と同様である。

⑨次回までの復習課題と予習課題を確認する。

　2018年度はさらに，第2回と第3回の授業ではリサーチアシスタントが⑤の段階において順番にグループに入り，司会進行役を務めた。第4回以降は，③の後にくじを使ってグループメンバーの役割を決めた。

　具体的には⑤の段階における司会進行役と，⑥の段階においてグループ代表として発言する役割を第1発言者から第4発言者（5人グループの場合）まで定めた。例えば授業者が，「ほかのグループは1（a）を選んでいますが，なぜあなたのグループは（b）を選んだのですか」と問いかけたとき，まず第1発言者が説明し，同様に別の問題で説明を求められれば，次は第2発言者が発言する。

3．授業実践の量的分析（分析1）

3.1　各変数の測定

　分析1では，量的な分析によってテスト得点や学習量を前年度以前のものと比較して，グループメンバーに役割を付与することによる授業の改善効果を検証し，自己評価アンケートからフリーライダーの存在可能性を探ることが目的である。その点を踏まえ，以下の変数を測定した。

（1）概念理解

　概念理解度の測定にあたり，講義＋活動型授業で第15回に実施された期末試験，およびTBL型授業で第8回に実施された中間試験において共通して出題した，説明記述問題を使用した。具体的には，次の6問である。

> 1）言語転移における負の転移
> 2）臨界期仮説
> 3）適性処遇交互作用
> 4）統合的動機づけと道具的動機づけ
> 5）インプット仮説
> 6）自動化理論

　測定は，ルーブリック（資料2）に基づき，全6問に対して定義，具体例／詳細説明，日本語表現の3つの観点を設け，配点はそれぞれ3点，3点，2点とした。採点は筆者と英語教育学を専攻して修士号を取得したリサーチアシスタントが独立して行った（一致率：82.0％）。筆者は授業改善への強い思いを自覚したため，バイアスが結果に反映しないよう配慮し，分析には2名の採点者の平均値を用いた。

(2) 学習量

　試験返却後に質問紙を配布し，「他の授業に費やした平均的な学習量を10とすると，この授業に費やした学習量は？」という問いに対して数字を記入するよう求めた。

(3) フリーライダーアンケート

　試験返却後に，山田（2017）の全21項目，5因子から構成される「FR質問紙調査」を実施した。例えば，因子I：モチベーションは「単位取得よりも，興味関心」，因子II：グループへの貢献は「感謝されたことがあった」，因子III：挫折感は「グループ内で挫折感を感じた」，因子IV：宿題対応怠慢は「課題をしなかった」，因子V：後ろめたさは「メンバーに申し訳ないと思う」などの項目から構成された。それぞれの項目について5件

法「5：とてもあてはまる～1：ぜんぜんあてはまらない」で回答を求めた。

　測定にあたっては，因子Ⅰと因子Ⅱは測定値を反転し，モチベーションやグループへの貢献が低く，挫折感，宿題対応怠慢，後ろめたさの自覚が高いほど合計点が高くなるようにした。

3.2　結果と考察

（1）概念理解

　2015年度に講義＋活動型の授業を受けた受講生24名を「講義＋活動群」，TBL型の授業を受けた2016年度の受講生13名と2017年度の受講生12名を合わせた計25名を「TBL群」，TBL型授業においてグループメンバーに役割の付与を行った2018年度の受講生16名を「TBL＋役割群」とした。

　群間比較の結果解釈にあたっては，試験を受けるまでの授業時間数が異なることに注意が必要である。つまり，結果には授業の方法のほか，授業時間数が影響を与えると考えるのが自然である。試験までの授業数の多い講義＋活動群の方が成績が良ければ，その原因を授業の方法と授業時間数のどちらかに特定することは難しい。一方，TBL群，TBL＋役割群の方が試験の成績が良ければ，結果は授業の方法によるものであると積極的に解釈してもよいだろう。

　検討を相対的かつ統合的に行うためには，まずTBL型授業が講義＋活動型の授業と比べて効果的であるかを調べ，効果があった場合，グループメンバーへ役割を付与すればさらに概念理解の向上を促すことを検証するのが望ましい。そこで，その目的達成のため対比分析（南風原，2014）を採用した。

　また，群間比較を行うには各群の受講生の学力が均一であるという前提が必要である。受講生が当該科目を履修する前年度に履修したすべての科目の成績平均値（GPA）を算出した結果，講義＋活動群は2.90，TBL群

は 2.89，TBL ＋ 役割群は 2.97 であった。一要因分散分析の結果，有意な差は見られなかったが（$F(2, 62) = .09, p = .92$），学力がどの参加者も一定になるように条件をより厳密に統制して検定力を高めるため，対比分析による平均値の群間比較においては，GPA を共変数として投入した。

全 6 問の定義，具体例／詳細説明，日本語表現の合計点，および総合得点について 2 つの対比分析を行った。1 つ目は指導法の対比であり，講義＋活動群，TBL 群，TBL ＋ 役割群にそれぞれ -2, 1, 1 の係数を割り当てた。2 つ目は役割付与の有無の対比であり，3 群にそれぞれ 0, -1, 1 の係数を割り当てた。

その結果，総合得点において，指導法の対比の主効果が有意となり（$t(62) = 1.24, p < .05, r = .16$），TBL 型授業を受けた 2 つの群は講義＋活動群よりも得点が高かった。観点別に見ると，具体例／詳細説明において，指導法が有意となり（$t(62) = 5.56, p < .01, r = .58$），TBL 型授業を受けた 2 つの群は講義＋活動群よりも高い得点であることが示された。定義（$t(62) = 1.24, p = .22, r = .16$），および日本語表現（$t(62) = 1.61, p = .11, r = .20$）においては，指導法の対比に有意な差は見られなかった。

役割付与の有無の対比に関しては，総合得点（$t(62) = 1.39, p = .17, r = .17$），定義（$t(62) = 1.23, p = .22, r = .15$），日本語表現（$t(62) = 0.64, p = .53, r = .08$）において有意な差は見られなかったが，具体例／詳細説明において有意傾向が見られた（$t(62) = 1.78, p < .08, r = .22$）。群ごとのテスト得点の平均を次頁の表 6-2，図 6-1 に示す。

(2) 学習量

回答を得た TBL ＋ 役割群の 16 名を分析対象とした。「他の授業に費やした平均的な学習量を 10 とすると，この授業に費やした学習量は？」という問いに対して得た数字の平均値を求めたところ，24.38（$SD = 21.07$）を得た。

表6-2　用語説明テスト得点の平均（括弧は*SD*）

観点	講義＋活動群 （*n* = 24）	TBL群 （*n* = 25）	TBL＋役割群 （*n* = 16）
定義合計点	14.58 (3.50)	14.90 (3.06)	16.16 (1.91)
具体例／詳細説明合計点	10.46 (3.50)	14.10 (3.82)	16.10 (2.60)
日本語表現合計点	9.83 (1.93)	10.38 (2.12)	10.84 (1.59)
総合得点	34.88 (8.54)	39.38 (8.65)	43.09 (5.80)

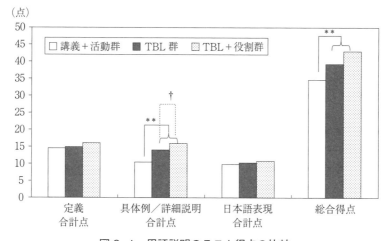

図6-1　用語説明のテスト得点の比較
** *p* < .01　　† *p* < .10

（3）フリーライダーアンケート

　回答を得たTBL＋役割群の16名を分析対象とした。合計点の平均値は，-0.45（*SD* = 2.34）であった。このうち，平均値より特に高い値を示した対象者（値が標準偏差2つ分より高い者）を「フリーライダーである可能性が示唆される者」としたところ，1名（合計点：5.28，*z*得点：2.45）が該当した。

4．授業実践の質的分析（分析2）

4.1　目的

　グループメンバーへの役割付与が，フリーライダーの出現を抑制できた
かどうかを確認するとともに，質的な分析を通して TBL 型授業が概念理
解と学習意欲に与える影響プロセスを再検討することが目的である。そ
の検討を行うにあたり，以下の4つのリサーチクエスチョン（以下：RQ）
を設定した。

　RQ1：グループワークは概念理解と学習意欲をどのように促進するか。

　RQ2：グループワークを機能させる学習者自身の要因は何か。

　RQ3：学習者はグループ内の他者からどのような影響を受けるのか。

　RQ4：グループメンバーに役割を付与すると，フリーライダーの出現を
　　　　抑制できるか。

4.2　方法

　グループ内での役割を与えられて TBL 型授業で学ぶ受講生の経験を幅
広く捉え，その意味づけを明らかにするため，半構造化面接を用いた質的
な研究法を採用した。

（1）半構造化面接の時期

　期末試験終了後の 2018 年 7 月から 10 月の間に行った。

（2）半構造化面接の協力者

　2018 年度の受講生を対象に以下の方法でサンプリングを行い，調査を
依頼した。まず，「フリーライダーである可能性が示唆される者」に認定
された受講生（X さん），および同じグループのメンバー 2 名（Y さん，

Ｚさん）を選定した。次に，残りの４つのすべてのグループメンバーが含まれるように配慮し，くじで９名（Ａ～Ｉさん）を選定した。以上12名に調査を依頼し，全員から承諾を得た。

（3）倫理的配慮

　調査目的と内容を説明し，調査協力は協力者の自由意志であること，個人情報の保護とデータの管理を徹底すること，音声を録音することを伝え，協力の許可を得た。

（4）質問内容

　下記の11の質問を用意した。

　１）グループワークはどのような体験だったか。

　２）グループワークについてどのように感じていたか。

　３）グループワークについてどのような点を重視して取り組んだか。

　４）最初から中期，最後に至るまでに変化があったか。

　５）印象深いことを挙げるとしたら何か。

　６）グループワークはどのような意味を持っているか。

　７）これからもグループワークに取り組みたいか。

　８）他の授業でもグループワークに取り組みたいか。

　９）グループワークの長所や問題点は何か。

　10）改善すべき点はあるか。

　11）関連図（図6-2）について，確かにそうだと思う点，これは違うのではないかと思う点は何か。

　１）～５）は，TBL型授業によるグループワーク体験に関する質問，６）～10）は，グループワークの意味を明らかにする質問で，研究2（第5章：

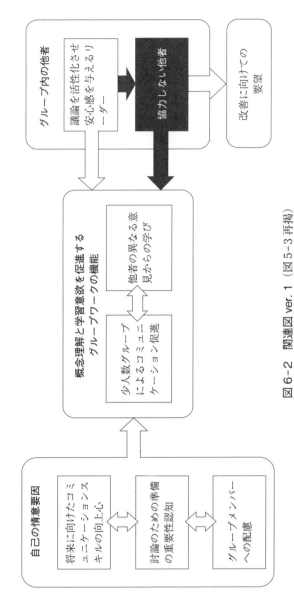

図 6-2 関連図 ver.1（図5-3再掲）

注1）影響を与える要因について、濃色部分は抑制要因を、白色部分は促進要因を示す。

関谷 , 2018）と同一のものであった。11）は新たに加えた項目で，関連図
（図6-2）を見せながら説明したうえで質問した。

（5）分析方法

　M-GTA を部分的に援用した。M-GTA は，先述（p.50）のとおり，ヒュー
マンサービス領域における社会的相互作用とそのプロセスを明らかにする
研究に適していること，手順が明確化されていること，特定の領域に密着
した理論生成が可能であること（木下 , 2003）から本分析目的に適してい
ると判断したからである。ただし，分析は前年度に研究2で提案した関連
図（図6-2）をベースに，修正すべき箇所を慎重に検討する形で行った。
具体的な分析手順を次に記す。

（6）分析手順

　面接内容の逐語データをすべてプロトコルに書き起こし，以下の手順で
分析を進めた。
　①データを読み込む。
　② RQ1 〜 4 に沿って分析テーマを設定する。
　　分析テーマは，㋐グループワークの機能，㋑グループワークを機能さ
　　せる個人内要因，㋒他者が与える影響とした。
　③具体例を抽出する。
　　対象者のプロトコルから，分析テーマおよび関連図（図6-2）のカテ
　　ゴリーや概念と関連する箇所に着目し，概念の具体例とした。
　④概念の吟味を行う。
　　他のデータとの関連から統合するべき概念，分割するべき概念，新し
　　く生成するべき概念を検討した。そのうえで概念名の妥当性の検討を
　　行い，必要に応じて修正した。

　ここまでの作業は，分析ワークシート（木下，2003）を作成しながら行った。

　⑤カテゴリーの再検討を行う。

　　具体的には，概念がある程度整理されたら，それらの関係性を検討した。
　⑥関連図を修正する。

　なお，筆者は研究2で作成した関連図に対していくらか執着があり，データを既存の概念に無理やり当てはめて解釈しようとする傾向を自覚した。そこで，上述のリサーチアシスタントにも分析をお願いし，解釈が違うときは協議しながら作業を進めた。

4.3　結果

　㋐〜㋒の分析テーマに沿って生成・再検討された概念を整理し，表6-3（pp.76〜77）に示す。以下では改めて描いた関連図を「TBL型授業におけるグループワーク機能の関連図 ver. 2」（図6-3，p.78）と名づけ，それに沿ってカテゴリーごとに各概念について説明する。本文における【　】は概念を，〈　〉は下位概念を示す。最後にRQ4に関連して，フリーライダー抑制の成否について記す。

（1）概念理解と学習意欲を促進するグループワークの機能

　学習者は，グループワークを通して，【他者へ説明することによる理解の深まり】を経験していた。考えを共有したり，時には他者を説得しようとする際，口に出して言語化することによって自分の理解度を確認することにつながった。うまく説明できない場合は自分の理解が不十分であることを再認識し，学習内容に立ち返ることによって理解を深めていった。

　学習者はまた，【他者の異なる意見からの学び】を得ていた。他者の異なる意見やものの見方に触れ，新鮮さを感じながら自分の中に取り入れた

り，自分の考えを相対化して理解の幅を広げたりしていった。このプロセスは多くの学習者の語りからうかがわれ，グループワークが概念理解を促進する一般的な機能であると考えられる。

(2) 議論を促す環境の構築

　学習者は時間の経過とともに，グループメンバーと打ち解けて忌憚なく話しやすい雰囲気や人間関係を作り上げていった。このようなプロセスの体験，およびそれに対する肯定的な意味づけに関する語りはすべてのインタビュー協力者から観察され，【議論を促す環境の構築】はグループワークの機能を促進する必要不可欠な土台であることが示された。ただし，その土台の構築には，個々のメンバーの情意面や，グループ内の状態が大きく影響を与え，条件によっては阻害されることも示唆された。

(3) 自己の情意要因

　多くの学習者はまず，【コミュニケーションに対する肯定的な感情や態度】を持つことを経験していた。グループワークを通じて他者と知り合い，話し合うことの新鮮さや充実感といった〈楽しさ〉を感じていた。学習者はまた，自分の具体的な進路においてコミュニケーションスキルを高めておくことの重要性を認知し，グループワークに積極的に取り組もうとする〈スキルの向上心〉を見せることもあった。

　また，グループワークに積極的に参加して学習成果を得るために，【討論のための準備の重要性】を認知していた。学習者は時には十分に予習をすることができないままグループワークに参加することもあり，討論に貢献することができなかったことを反省し，準備の大切さを再認識することもあった。

　一方で学習者は，【グループメンバーへの配慮】を持つ。ふだんから自分ばかりが話しすぎてしまうという自覚のある学習者は〈他者の話を聞く〉

表6-3 概念一覧

カテゴリー名	概念名	〈下位概念〉定義	具体例	A	B	C	D	E	F	G	H	I	X	Y	Z
概念理解と学習意欲を促進するグループワークの機能	他者へ説明することによる理解の深まり	グループ内の他者に説明することで自分自身の理解を確認し、深化させること	友達がわからなくて自分がわかるところとかを説明しようとした、そういう気持ちをまとめて、で、なおかつ自分の考えを言うことによってもっと理解して、……。(B さん)				1				1				1
	他者の異なる意見からの学び	グループ内の他者の異なる意見に触れることから自分の考えを相対化し、理解の幅を広げること	グループワークは自分が考えた意見だけじゃなくて他の人の意見を聞くことでまた新しい発見ができる。できる作業じゃない、そうやって皆が意見を言い、出せて、自分1つの意見じゃなくって視野が広がるっていうのもある……。(I さん)	1	2	2	1	1	2	1	4	4		2	4
	議論を促す環境の構築	グループメンバーと打ち解けやすい雰囲気や話しやすい雰囲気や人間関係が作られること	まあその相手の意見に最初はまあ、うんうんそうだよねみたいな共感するしかなかったんですけど、後半になって慣れてくると、反論ができるようになったというか、お互い慣れてきたから、ちょっと違うと思うみたいなのを結構言えると、なんか初めはあんまり喋らなくても、後の方になってくると、話しやすい雰囲気というか……。(C さん)	2	2	1	2	3	2	2	4	10	2	3	4
	グループメンバーへの配慮	〈他者の話を聞く〉自分だけが話さず、他者の発言を尊重し、しっかり聞くこと	まず、自分の意見を言わずに、私けっこう喋って、私みたいにして、皆の答えを聞くみたいなことをつけていたと思いま……。(E さん)	1			2	1	1	1	1		1	1	
		〈自分の考えを述べる〉自分だけが沈黙しているということにならないよう自分の考えを発言すること	えー、なんか人に少し頼ってしまうところがあったので、そこはもうちょっと自分がもっと意見を言ったらよかったなって私は思いました。(G さん)	2			1			2	1	1	1	1	1
自己の情意要因	コミュニケーションに対する肯定	〈楽しさ〉他者とコミュニケーションすることと自体に楽しさを感じること	グループワークは、まあ終わりと、その子達と喋れるようになったっていうのがまあは楽しかったし、後はあた大学に入ってペアワークをやったことがみんなと思ってと、その、まあ新鮮だったと、自分的には楽しかったです。(Y さん)	4	2	1	1	3	2	2	2			1	1

			例			
肯定的な感情や態度	（スキルの向上・心）将来コミュニケーションスキルが必要であると認識し、向上させたいと思うこと	なんか初めての人でこんなにも話せるっていうのは、新しくこれから社会に出ていくなかで自分のそのステップじゃないですけど、試すじゃないですけど、初めての人でこれだけ話すことができるのかっていうのは、良い経験になったなって感じにまりました。（Iさん）コミュニケーションも取れるので、自分の力になる活動だと思っています。（Yさん）	1	1	1	1
	討論のための準備の重要性認知：議論をより有意義なものにするためには予習や準備が重要と考える。また予習や準備ができないときに罪悪感を抱くこと	ほんとにやらないとまったく解けない問題で、知ら、だからなそこ、一通りサラッと読んで…あ、絶対にその、まあ一部だけでも読むっていうのは思っていました。（Xさん）私も1回予習していないときがあって、他の人にずっと頼ってしまったなっていう時間もありました。（Gさん）	1	1	2	1	4
グループ内	与えられた役割の受け入れ：グループワークにおいて役割が与えた役割を受け入れること	たぶんあれ（くじで役割を決めること）がなかったら、たぶんずっと、ふふ、何ていうんだろ、何とも言えない時間が流れてすっというか。……（Bさん）	1	2	1	1	1
	自分の役割を明確に自覚するメンバー：自分の役割を明確に自覚し、グループワークに貢献するとするメンバー	リーダーに向いてないかなっていう人でも、意外となんか、まとめてくれるの、まとめが上手だったり、なんかその、あ、向いてないじゃないかなって思う人でも、新たな一面っていうのの見られるので、なんかそれはすごい良いなって思いました。（Dさん）	1	1	1	1	2	3	2
	協力しないメンバー：準備不足であるため議論に参加しない、または参加できないメンバー	リーダーがいることによってまとまるし、なんかそのリーダーがいるからこそ新しい発見が出ると思うので、……。（Dさん）仕切る人がいれば、いるのが大事だなって思いました。（Bさん）	(1)	(1)	2	(1)(1)(1)
改善に向けての要望	改善に向けての要望：不満を解消するため、またはより充実した議論にするための改善に向けて要望すること	皆が代わってったら、あ、予習とかしてたら、もっと思うんですけど、やっていない子とか分けられたりとかあったので、……。（Fさん）皆の意見が聞けないこともけっこうあったら、グループワークに協力しないことは確かに参加しそうかもしれないなと思います。（Yさん）（予習を）やってほしいなっていう気持ちはありました。（Fさん）（グループワークがうまくいっていない別の授業について）またなく違う話題でちょっとずつ打ち解けていけるような環境をつくってあげたら、「ちょっと先生は来てほしくやろうよ」とか言って、じゃあ意見出してみてみたいな感じにして、ちょっとずつでも打ち解けていけるんじゃないかなって。（Iさん）	1	(2)

注）括弧つきの数字は本実践ではなく、他の授業について、または一般論的、仮定的な文脈で語られた件数を示す。

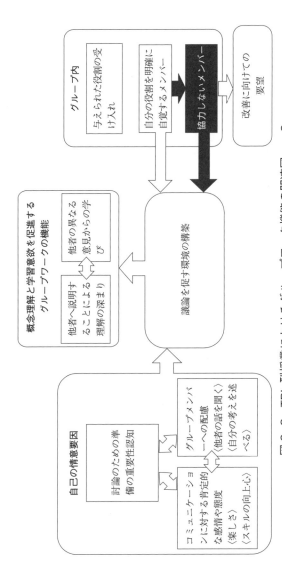

図 6-3 TBL 型授業におけるグループワーク機能の関連図 ver. 2

注 1) 角のない四角はカテゴリー、角のある四角は概念を表す。
注 2) 影響を与える要因について、濃色部分は抑制要因を、白色部分は促進要因を示す。

配慮を，逆にあまり自分から意見を言うのが得意ではないという自覚のある学習者は〈自分の考えを述べる〉努力をするという配慮をする傾向が見られた。

(4) グループ内

学習者は，【与えられた役割の受け入れ】を通して【自分の役割を明確に自覚するメンバー】となっていることがうかがえた。くじによる役割の決定に関しては，多くの学習者が肯定的に捉え，これにより個々人の遠慮や躊躇が軽減され，結果としてグループ討論の効率化，活性化につながったと考えられる。

また，一見向かないと思われた役割をしっかりと果たすメンバーを見て，役割を与えることの意味を強く感じたという趣旨の語りも見られた。一方で与えられた役割には関係なく，グループ内で自然発生的に役割が分担されることもうかがえた。とりわけ，グループ内の上級学年の受講生が自然とリーダー役となるケースが見られた。いずれにしても，自分の役割を明確に自覚すると議論を促す環境の構築につながり，【協力しないメンバー】の出現の抑制につながることが示唆された。

(5) 改善に向けての要望

【協力しないメンバー】の存在を認知したときに語りが見られた。本実践に関しては予習が不十分なメンバーへの改善要望のみであったが，他の授業や，一般論的，仮定的な文脈での語りも見られた。

具体的には，テーマを難しすぎないものにしてほしい，身近な話題によるアイスブレイキングから始めてほしい，他者に遠慮・迎合せずに自分の意見をしっかりと言ってほしいといったものであった。

(6) フリーライダー出現の抑制

　分析1において「フリーライダーである可能性が示唆される者」に認定されたXさんの発話を精査したところ，グループに迷惑をかけたり協力しなかったりしたことに言及する罪悪感や開き直りと取れる語りは見られなかった。むしろ，「もともとテンポよく話すのは得意ではないのでグループワークは負担に感じる方だが，話を進めてくれるメンバー（先輩）の存在により次第に打ち解けて話しやすくなった」と語っている。

　また，Xさんと同じグループメンバーのYさん，Zさんにもグループワークやメンバーに対する不満と取れる語りは見られなかった。Yさんは先輩や決められた役割のおかげでみんなが話すことができ，総じて「良いグループだった」と述べている。Zさんの語りにはグループメンバーの評価に関するものはなかったが，グループワークは「楽しかった」と語っている。

　以上の語りから，Xさんをフリーライダーと断定するのは妥当ではないと判断した。フリーライダーアンケートの得点が高かったのは，本人の謙虚な自己評価によるものであったと考えられる。

　一方で，アンケートでは「フリーライダーである可能性が示唆される者」が見当たらなかったグループにおいて，【協力しないメンバー】に対する言及とそれに基づく【改善に向けての要望】が，Fさんの語りより見られた。しかし，同じグループの他のメンバー（Cさん，Gさん）からは同様の語りはなく，授業者の目からも問題と思われる受講生を特定することはできなかったため，フリーライダーの存在は認定しなかった。Fさんは授業者から見ても取り組みが熱心であり，他者に期待する予習や議論の水準が高かったことがこのような語りにつながったとも考えられる。

5．考察

　本研究の分析1の結果から，研究1，研究2と同様，TBL型授業よって概念理解が促進され，役割を付与するとさらに促進効果が高くなることが示唆された。この促進効果は特に，具体例／詳細説明において顕著に見られた。また本実践の受講生は，他の授業に比べて2.4倍以上の学習量を実感している。それを学習意欲の行動指標と捉えた場合，1.7〜1.8倍程度であった研究1，研究2に比べ，役割付与を取り入れた本実践はさらに学習意欲を促進する可能性があると言える。

　本研究の分析2では，TBLが概念理解と学習意欲に与える影響のプロセスを質的な分析によって検討した。研究2を踏まえ，発話の具体例に基づいて概念やカテゴリーを再検討し，関係性を再整理して「TBL型授業におけるグループワーク機能の関連図 ver. 2」（図6-3）を作成した。また，フリーライダーの出現が抑制できたかどうかを検討したところ，役割を付与することによってフリーライダーが出現しにくくなること，概念理解がさらに促進されることが発話の分析から示唆された。

　以降，役割付与がグループワークの機能に与えるプロセスの検討にあたっては，研究2で提案した関連図（図6-2, p.72）と分析2で提案したもの（図6-3, p.78）とを比較することによって考察する。

5.1　役割付与がグループワークの機能に与える影響

　グループワークの機能として【他者の異なる意見からの学び】と【他者へ説明することによる理解の深まり】が概念理解の促進に影響を与えると考えられる。後者は研究2においては生成されなかったが，研究2ではフリーライダーを目の前にすると，情緒的に不快感を抱いて自発的な発言を控えてしまう可能性を指摘している。また深谷ら（2016）は，「教え合い

講座」の実践から，他者への説明が自己の理解を促進するプロセスを「教え手が聴き手の理解状態に配慮しない」で，「断片的知識／解法手続きを一方的に教え」てしまうことによって教え合いの効果が高まらないとし，「関連づけられた知識を相互的に教え合う」行動に変容させることを提案している。もしそうであれば，【他者へ説明することによる理解の深まり】が生起するには，情緒要因以外に，しっかりと説明しないと納得しない，または反論しうる他者が必要であると考えられる。説明を受ける側が話し手に興味を示さなかったり，どんな説明でも鵜呑みにするようでは「教え合い」の効果は高まらないのであろう。

　グループワークがその機能を発揮するための土台となるのが【議論を促す環境の構築】である。関連図（図6-2）ではこの概念を想定せず，【少人数グループによるコミュニケーションの促進】として直接，概念理解や学習意欲を促進するグループワークの機能としていたが，グループワークの機能を支える土台として捉え，独立した概念とした。こうすることにより，時間をかけて土台を構築する重要性を訴える多くの語りをより反映できる。また，新福ら（2014）が明らかにした，初期に戸惑いを感じるものの，徐々に学習の充実感や復習へのニーズを実感するようになり，最後にはチームで高め合う達成感を得るという変容プロセスとも整合的なものとなり，より妥当で有用な関連図となるだろう。

　自己の情意要因に関しては，〈楽しさ〉と〈スキルの向上心〉を含む【コミュニケーションに対する肯定的な感情や態度】，〈他者の話を聞く〉と〈自分の考えを述べる〉を含む【グループメンバーへの配慮】が【討論のための準備の重要性認知】とそれぞれ相互に影響を与えながら，【議論を促す環境の構築】に寄与するというプロセスがより鮮明になった。グループ内において，司会進行役，第1発言者などの【与えられた役割の受け入れ】によって【自分の役割を明確に自覚するメンバー】となることが示された。役割と責任の所在が明確となり，議論や発表をする際に遠慮や非建設的な譲り

合いが減少し，【協力しないメンバー】の出現およびその悪影響を抑えることにつながるのであろう。

5.2　本実践の意義と今後の展望

　TBL を取り入れた英語教育学の専門科目の授業をさらに改善するために，本実践研究はグループワークにおける役割付与の効果を検討した。

　本実践研究の特色は 2 つある。1 つは，量的な分析と質的な分析を組み合わせ，客観的な効果検証と詳細なプロセスの検討の両方を可能にしたことである。2 つ目は，本実践研究は授業者が自身の授業を改善することを目的としたアクション・リサーチの枠組みの中，2015 年度から 2018 年度までの 4 年間にわたる改善の取り組みの中に本実践を位置づけ，比較可能な形で報告できたことである。

　これらの 2 つの特色により，英語教育学の専門科目の授業実践に限らず，概念理解を主たる目的とする科目一般，また TBL 型授業だけでなく学習者同士のやり取りを取り入れた他の形態の授業にも応用可能性を秘めている。本実践は選択科目であり，教職希望者を含む比較的意欲の高い履修者が対象となった点は考慮する必要があるが，実践的価値は高いと言える。

　筆者の教育実践における問題意識から出発した研究 1 の後，続く研究 2，研究 3（本研究）では，前回の課題を克服するとともに TBL に関する理解を「深める」方向を求めて検討を重ねた。次章では，「広げる」方向に転換する。具体的には，これまでとは異なる科目，「英語学」の授業において，TBL 型か講義型かといった授業の方法以外の要因を一定にし（例えば，TBL 型と講義型の授業で授業の進度をそろえる，TBL 型授業にだけ復習としての小テストを実施するということをしないようにする）比較検討する。これによって，TBL の効果を再検証するとともに，その効果の一般化可能性を問うことが期待できる。

第7章

TBL の学習効果はどこから表れるか
── 別科目での検討 ──（**研究4**）

1．問題と目的

1.1　問題

　研究1（第4章），研究2（第5章）では，TBL を「第二言語習得研究」
の授業に導入し，指導効果を検討した。その結果，概念理解と学習意欲の
促進に効果があることを明らかにするとともに，質的な手法によりそのプ
ロセスを検討した。研究3（第6章）では，【協力しない他者】（フリーラ
イダー）の存在を問題視し，グループメンバーに役割を付与することによっ
てそれは解決できることを示した。

　今後は，例えばグループワークのプロセスを丁寧に分析し機能改善のた
めの介入を行うといった，TBL による学びの効果をさらに高めるという
「深める」方向性と，異なるタイプの科目に導入して事例を蓄積するとと
もに，汎用的な TBL のスタイルを確立するという「広げる」方向性の両
方が求められる。

1.2　目的

　本研究は「広げる」方向性を目指す。TBL を取り入れて大学の英語教
育学専門科目の一つに位置づけられている「英語学」の授業を実施し，前
年度の講義型授業と比較して知識獲得と概念理解に与える影響を検討する

ことを目的とする。

　知見を教育現場への応用に結びつけやすい特徴を持つ第二言語習得研究の学びに比べ，本研究が対象とする「英語学」はより基礎的な知識の獲得や概念理解が初期段階の学びの主眼となる。そのような性質を持つ授業は，一見最もチームでの学習を想定しにくい科目の一つと考えられるなか，TBL の有効性および限界を示すことは意義があると考えられる。

2．方法

2.1　対象者

　私立女子大学の国際教養学部国際教養学科で，2 年生以上を対象に開講された専門科目「英語学 II （音韻論・形態論：語の仕組みと発音）」（2 単位）の受講生を対象とした。3 年次に英語教育メジャーに所属を予定している約 8 割の受講生にとっては必修科目であった。試験日までの授業日数のうち，4 分の 3 以上出席した者を分析対象とした。その結果，講義型の授業を受けた 2016 年度の受講生 20 名，TBL 型の授業を受けた 2017 年度の受講生 14 名の合計 34 名が分析対象者となった。

2.2　授業の概要

　両年度とも筆者が授業を担当した。使用テキストは大井・木全・森田・高尾（2006）の『初めての英語学　改訂版』を指定した。授業のシラバスは表 7-1 のとおりである。テキストとシラバスは講義型授業と TBL 型授業で共通であるが，指導手順は以下のとおり異なった。

　講義型授業は，授業者が内容をスライドにまとめたものを投影しながら解説する講義形式で行った。毎回の授業に先立ち，受講生は，「次回の講義内容をテキストなどで確認する」（シラバスに記載）ことが求められた。授業ではスライドを印刷した資料を毎回配布し，多くの受講生は適宜

表7-1　授業シラバス

	授業内容	テキスト
第1回	ガイダンス 授業内容・方法，評価方針の説明	
第2回	音韻論：発音器官 発音器官について学ぶ	pp. 58-60
第3回	音韻論：言語音の分類，子音の分類① 言語音の分類の考え方，個々の子音の音声記号と実際の発音を学ぶ	pp. 60-62
第4回	音韻論：子音の分類②，母音の分類① 子音の分類と母音の分類について学ぶ	pp. 62-65
第5回	音韻論：母音の分類② 母音の概念及びその分類の方法について学ぶ	補助教材
第6回	音韻論：音素とは？ 音素を他の概念と区別しながら理解する	pp. 66-67
第7回	音韻論：音の変化 音節，音節内の子音の結合，単語間の音連続，音の脱落，同化についての概念と，その実例を学ぶ	pp. 67-69
第8回	音韻論：音節とは？ 音節の概念とその実例を学ぶ	pp. 69-71
第9回	音韻論：アクセントとリズム アクセント，種々のリズム・イントネーションを日英の比較を通して概念とその実例を学ぶ	pp. 71-73
第10回	形態論：さまざまな形態素 形態論の概要と，様々な形態素の概念及びその実例を学ぶ	pp. 74-76
第11回	形態論：語形成① 形態素の組み合わせからなる語形成の概念とその実例を学ぶ	pp. 76-79
第12回	形態論：語形成② 形態素の組み合わせにはよらない語形成の概念とその実例を学ぶ	pp. 79-81
第13回	総復習 これまでの学習内容を総復習する	
第14回	期末試験 期末試験を行い，これまでの学習内容の理解力・表現力を確認する	
第15回	総括：期末試験返却と最終課題の説明 今後の学習の道筋を立てる	

メモを取りながら講義を聞いた。また，各回のテーマに合わせて応用課題を出した。例えば，子音や母音の学習においてミニマルペアの聞き取りと発音練習を，音の変化の学習において洋画のセリフのディクテーションと発音練習をした。また，形態素や語形成の学習においては，英語の語や文を形態素に分けたり（例：uncertainly を接頭辞 un- と語根 certain と接尾辞 -ly に分ける），語形成を分析する（例：edit は editor が逆成してできた；smog は smoke と fog が混成してできた）といった活動を取り入れた。受講生はこうした応用課題に個人で取り組み，その後，授業者が答え合わせと解説を行った。

　TBL 型授業では，下記の手順で授業を行った。

①授業に先立ち予習する。

②ハンドアウト（資料5）を配布し，個人で予習チェック問題に取り組む（約15分）。

③4〜5人のグループを作り，話し合いによって問題の解答を決定する（約15分）。

④各グループが答案を発表し，他グループと正答を巡って議論する（10〜20分）。

⑤授業者が正答を伝え，補足説明をする（約20分）。

⑥応用課題を行う（20〜30分）。

　③で作るグループメンバーは，第2回の授業で授業者がランダムに決定し，第7回まで固定した。また，第8回にグループを組み替え，最終回まで固定した。原則として，授業者はグループの話し合いには介入しなかった。ただし，グループ内ですぐに答えが一致し，議論が止んでしまっているときには，理由や具体例を考えるなどの付随的な課題を与えた。④において，授業者はグループ間で答案が違うときに，他のグループの答案がなぜ誤りなのかを論破することによって正当性を訴えることを促した。⑥の

応用課題の内容は講義型のものと同じだが，個人での取り組みののち，グループ内で話し合ったり，発表したりすることもあった。

2.3　テスト得点の測定

　得点の測定には，第14回の期末試験に，講義群と TBL 群に共通して出題した問題を使用した。

(1)　知識確認問題

　調音器官，子音図，母音図の空欄に適切な用語または音声記号を書く問題の合計19問を知識確認問題として出題した。

　調音器官の問題は，ヒトの顔の断面図を提示し，問題番号の示す場所の調音器官名（例えば上歯，歯茎，軟口蓋など）を書くもので，6問出題した。子音図の問題は，英語の子音分類表を提示し，問題番号の示す場所の音声記号を書くもので（資料5の（4）参照），8問出題した。母音図の問題は，アメリカ英語の母音図（舌の最高点の高低および前後関係を表す図）を提示し，問題番号の示す場所に音声記号（例えば /æ/, /ʌ/ など）を書くもので，5問出題した。正答を1点，誤答を0点とした。

(2)　理解確認問題

　専門用語に関する説明について，適切なものを4つの選択肢から選択する問題の合計4問（形式は資料5の（1）～（3）と同じ）を理解確認問題とした。具体的には，「自然言語」「子音」「高低アクセント」「無声音」を使用した。正答を1点，誤答を0点とした。

(3)　記述問題

　専門用語について，具体例を挙げながら説明する記述問題として，「有声音」「母音」「単語の恣意性」「拘束形態素」の合計4問を使用した。

　測定は，ルーブリック（資料6）に基づき，全4問に対して定義，具体例／詳細説明という2つの観点を設け，配点はそれぞれ3点とした。例えば拘束形態素について，「拘束形態素とは，形態素のうちそれだけでは単語になることができず，他の形態素に付けて使われるものを指す。例えば，-ed や，-ly などの拘束形態素はそれだけでは単語として使えず，他の形態素に付ける必要がある」と書けば，定義（第1文）が3点，具体例／詳細説明（第2文）が3点となる。

　採点は筆者と英語教育学を専攻して修士号を取得したリサーチアシスタントが独立して行い（一致率：82.4%），分析には2名の採点者の平均値を用いた。

2.4　学習量

　TBL 群の第15回の授業において，試験返却後に質問紙を配布し，「他の授業に費やした平均的な学習量を10とすると，この授業に費やした学習量は？」という問いに対して数字を記入するよう求めた。学習量は2016年度には尋ねていないので講義群との直接比較はできないが，先行研究での取り組みとの比較対照により本研究結果の相対化を行うために用いた。

3．結果

3.1　テスト得点

　群間比較を行うには両群の受講生の学力が均一であるという前提が必要である。受講生が当該科目を履修する前年度に履修したすべての科目の成績平均値（GPA）を算出した結果，講義群は2.85，TBL 群は2.65であった。t 検定の結果，有意な差は見られなかったが（$t(32) = 0.66, p = .51$），どの対象者も学力が一定になるように条件をより厳密に統制して検定力を高め

表 7-2　前年度の GPA とテスト得点との相関

	知識	理解	記述
前年度 GPA	.347*	.443**	.582**
知識		.708**	.612**
理解			.640**

*p < .05　　**p < .01

るため，前年度の GPA を共変数とする共分散分析を実行した。前年度の GPA とテスト得点との相関を表7-2 に示す。

　共分散分析の結果，知識確認問題において有意な差が見られ（$F\,(1, 31)$ = 4.93, $p < .05$, $\eta_p^2 = .14$），TBL 群の方がテストの得点が高かった。理解確認問題において両群の差に有意な傾向が見られ（$F\,(1, 31) = 3.41$, $p < .10$, $\eta_p^2 = .10$），TBL 群の方が得点が高かった。記述問題においては得点に有意な差は見られなかった（$F\,(1, 31) = 0.39$, $p = .90$, $\eta_p^2 = .01$）。記述統計および検定結果を表7-3，図7-1 に示す。

表 7-3　平均得点（括弧は *SD*）と調整済み得点（括弧は *SE*）と検定結果および効果量

観点	問題	平均得点		調整済み得点		分散分析結果と効果量 η_p^2	
		講義群	TBL 群	講義群	TBL 群	*p* 値	η_p^2
知識	調音器官	5.50 (0.83)	5.79 (0.43)	5.48 (0.15)	5.81 (0.18)	.186	.056
	子音分類表	6.80 (2.02)	7.64 (0.93)	6.76 (0.34)	7.70 (0.44)	.112	.080
	母音図	3.70 (1.45)	4.43 (1.09)	3.64 (0.27)	4.51 (0.32)	.046*	.123
	合計	16.00 (3.55)	17.86 (1.70)	15.89 (0.61)	18.02 (0.74)	.034*	.137
理解		3.10 (1.12)	3.57 (0.85)	3.05 (0.20)	3.64 (0.24)	.074†	.099
記述	定義	8.20 (3.77)	7.96 (3.86)	8.01 (0.73)	8.24 (0.88)	.837	.001
	具体例／詳細説明	8.20 (3.74)	8.75 (3.52)	8.00 (0.67)	9.04 (0.81)	.330	.031
	合計	16.40 (7.01)	16.71 (7.23)	16.00 (1.31)	17.28 (1.56)	.536	.012

† *p* < .10　　　* *p* < .05

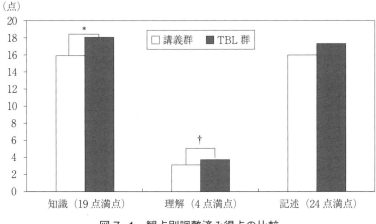

図7-1　観点別調整済み得点の比較
†*p* < .10　　*p < .05

3.2　学習量

　回答を得たTBL群14名を分析対象とし平均値を計算した結果，11.00（*SD* = 6.30）を得た。

4．考察

4.1　本研究のまとめ

　分析の結果，TBL に取り組むことによって知識獲得と概念理解が促されることが示された。具体的には，調音器官，子音図，母音図など，比較的深い思考を必要としない知識問題で最も大きな促進効果が見られた。一定の思考を必要とする，専門用語に関する正しい説明文を選択する問題ではその次に大きな促進効果が見られた。深い理解と表現力が要求される用語記述問題では促進効果は観察されなかった。

　上述のことから，グループ活動への積極的な取り組みを通して記憶の痕跡が強化されたと考えられる。そしてこのことは，情報処理水準の浅いも

のから効果が表れることを示唆している。

4.2 本研究の意義・限界と今後の展望

　最後に本研究の意義・限界と今後の展望を述べる。上述のとおり，本研究では使用テキスト，シラバス，小テストの有無など指導法以外の要因は統制され，両群とも同一条件で比較することができた。TBL が知識獲得や概念理解に与える影響を，可能な限り交絡要因を除いて報告できたことの学術的意義は大きい。

　また，本研究は先行研究では実践報告のない「英語学」の授業で TBL を実施した。基礎知識や理論を学ぶ「英語学」の授業は，一見最もチームで取り組む前提を想定しにくい科目の一つと考えられた。そのような科目で TBL を導入し，その効果を実証できたことは「問題と目的」で触れた「広げる」方向性に貢献できたといえ，大きな実践的意義があるだろう。

　一方で，本研究には限界も認められる。まず，最も認知負荷の重い記述問題の成績では TBL の優位性が見られなかった点には，その手法の運用に検討の余地がある。答案をテキストマイニングなどで分析し，質的な変容を詳細に分析することも必要であろう。また，本研究が「広げる」方向を目指したことを踏まえると，扱うことができた事例が単一であるのと，サンプル数が少なかった点も課題として残る。主観的な判断に依存しないように学習量を測定する方法を改善する必要もあるだろう。

　次章では本章同様「広げる」方向性を目指し，授業の方法以外の条件には違いのない「英語学」の授業において，役割付与の概念理解に与える影響をテキストマイニングによる分析を導入し，多角的に検討する。

第8章

グループワークで役割を持つことの効果を再検討する（研究5）

1．問題と目的

1.1　問題

　研究4（第7章）では，「英語学」の科目において授業進度や小テストの有無など他の要因がそろえられた条件でTBL型と講義型の授業を比較し，「第二言語習得研究」とほぼ同様の結果，すなわちTBLが概念理解を促進するという結果を得た。

　一方,研究3（第6章）は,「第二言語習得研究」のTBL型授業のグループワークにおけるフリーライダー（協力しない他者）の存在を問題視し，その改善を試みた。具体的にはグループワークの際に聞き手,第1発言者,第2発言者などの役割を付与して，一人ひとりのするべきことを明確化した。量的，質的な分析の結果，役割付与によってフリーライダーの出現が抑制されることに加え，グループワークがさらに活性化し，概念理解にも好影響を及ぼす可能性が示唆された。ただし，その影響は，用語説明における具体例や詳細説明に限定され，役割を付与しないTBL型の授業と比べ，その効果も必ずしも大きくはなかった（$t(62) = 1.78, p = .08, r = .22$）。

　今後の方向性の一つとして，フリーライダーの出現を抑制するだけでなく，グループワークの機能向上により重点を置いて役割付与を取り入れること，もう一つは研究3の実践とは異なる科目で効果を検証し，取り組みの適用可能性の拡大を目指すことが挙げられるだろう。

1.2　目的

　以上の議論を踏まえ，本研究は，TBL 型授業のグループワークの学習機能を向上させることを目的として，メンバーに役割を付与してその効果を検討する。具体的には，大学の英語教育学専門科目群の一つである英語学の授業において，前々年度の講義型授業，および前年度の通常の TBL 型授業と比較して，知識獲得と概念理解に与える影響を検討する。

2．方法

2.1　対象者

　私立女子大学の国際教養学部国際教養学科で，２年生以上を対象に開講された専門科目，「英語学Ⅱ（音韻論・形態論：語の仕組みと発音）」（２単位）の受講生を対象とした。３年次に英語教育学を専攻予定の約８割の受講生にとっては必修科目であった。試験日までの授業日数のうち，４分の３以上出席した者を分析対象とした。その結果，講義型の授業を受けた 2016 年度の受講生 20 名（講義群），TBL 型の授業を受けた 2017 年度の受講生 14 名（TBL 群），グループ活動時に役割を与えられて TBL 型の授業を受けた 2018 年度の受講生 20 名（TBL ＋役割群）の合計 54 名が分析対象者となった。

2.2　授業の概要

　各年度とも筆者が授業を担当した。テキストは大井・木全・森田・高尾（2006）の『初めての英語学　改訂版』を指定した。授業のシラバスは表 8-1 のとおりである。テキストとシラバスはどの年度も共通であるが，指導手順は以下のとおり異なった。

　講義群では投影したスライドの内容を解説する形式で行った。毎回の授業に先立ち，受講生は「次回の講義内容をテキストなどで確認する」（配

表 8-1　授業シラバス

	授業内容	テキスト
第1回	ガイダンス 授業内容・方法，評価方針の説明	
第2回	音韻論：発音器官 発音器官について学ぶ	pp. 58-60
第3回	音韻論：言語音の分類，子音の分類① 言語音の分類の考え方，個々の子音の音声記号と実際の発音を学ぶ	pp. 60-62
第4回	音韻論：子音の分類②，母音の分類① 子音の分類と母音の分類について学ぶ	pp. 62-65
第5回	音韻論：母音の分類② 母音の概念及びその分類の方法について学ぶ	補助教材
第6回	音韻論：音素とは？ 音素を他の概念と区別しながら理解する	pp. 66-67
第7回	音韻論：音の変化 音節，音節内の子音の結合，単語間の音連続，音の脱落，同化についての概念と，その実例を学ぶ	pp. 67-69
第8回	音韻論：音節とは？ 音節の概念とその実例を学ぶ	pp. 69-71
第9回	音韻論：アクセントとリズム アクセント，種々のリズム・イントネーションを日英の比較を通して概念とその実例を学ぶ	pp. 71-73
第10回	形態論：さまざまな形態素 形態論の概要と，様々な形態素の概念及びその実例を学ぶ	pp. 74-76
第11回	形態論：語形成① 形態素の組み合わせからなる語形成の概念とその実例を学ぶ	pp. 76-79
第12回	形態論：語形成② 形態素の組み合わせにはよらない語形成の概念とその実例を学ぶ	pp. 79-81
第13回	総復習 これまでの学習内容を総復習する	
第14回	期末試験 期末試験を行い，これまでの学習内容の理解力・表現力を確認する	
第15回	総括：期末試験返却と最終課題の説明 今後の学習の道筋を立てる	

布シラバスに記載）ことが求められた。授業ではスライドを印刷した資料を毎回配布し，多くの受講生は適宜メモを取りながら講義を聞いた。また，各回のテーマに合わせて応用課題を行った。例えば，子音や母音の学習においてミニマルペアの聞き取りと発音練習を，音の変化の学習において洋画のセリフのディクテーションと発音練習に取り組ませた。また，形態素や語形成の学習においては，英語の語や文を形態素に分ける（例：uncertainly を接頭辞 un- と語根 certain と接尾辞 -ly に分ける），語形成を分析する（例：edit は editor が逆成してできた；smog は smoke と fog が混成してできた）といった活動を取り入れた。受講生はこうした応用課題に個人で取り組み，その後，授業者が答え合わせと解説をした。

　TBL 群では下記の手順で授業を行った。

①授業に先立ち予習する。

②ハンドアウト（資料5）を配布し，個人で予習チェック問題に取り組む（約 15 分）。

③4 〜 5 人のグループを作り，話し合いによって問題の解答を決定する（約 15 分）。

④各グループが答案を発表し，他グループと正答を巡って議論する（10 〜 20 分）。

⑤授業者が正答を伝え，補足説明をする（約 20 分）。

⑥応用課題を行う（20 〜 30 分）。

　③で作るグループメンバーは，第 2 回の授業で授業者がランダムに決定した。原則として，授業者はグループの話し合いには介入しなかった。④において，授業者はグループ間で答案が違うときに，他のグループの答案がなぜ誤りなのかを論破して正当性を訴えることを促した。⑥の応用課題の内容は講義型のものと同じだが，グループ内で話し合ったり，発表することもあった。

　TBL＋役割群では，②の前にくじを使ってグループメンバーの役割を決めた。具体的には③の段階における司会進行役と，④の段階においてグループ代表として発言する役割を第1発言者から第4発言者（5人グループの場合）まで定めた。例えば授業者が，「他のグループは（a）を選んでいますが，なぜあなたのグループは（b）を選んだのですか」と問いかけたとき，まず第1発言者が説明し，同様に別の問題で説明を求められれば，次は第2発言者が発言した。

　当初は期末試験直前回までくじによって役割を決めることを予定していたが，すべてのグループにおいてメンバーが合意のもと自発的に役割を決めるようになったため，第8回からくじを中止した。また，研究3を踏まえ，役割付与の機能をより強化するため，役割の担い方について必要に応じてグループに介入しアドバイスを行った。さらに授業終盤にワークシートを配布し，「グループワークについて感じていること，またグループワークにおいてより学びを促進するために大切だと思うこと，および改善への要望」について書くよう求めた。

2.3　テスト得点の測定

　得点の測定には，期末試験に，講義群とTBL群，TBL＋役割群に共通して出題した問題を使用した。

（1）知識確認問題

　調音器官，子音図，母音図の空欄に適切な用語または音声記号を書く問題の合計19問を知識確認問題として出題した。

　調音器官の問題は，ヒトの顔の断面図を提示し，問題番号の示す場所の調音器官名（例えば上歯,歯茎,硬口蓋など）を書くもので，6問出題した。子音図の問題は，英語の子音分類表を提示し，問題番号の示す場所の音声記号を書くもので（資料5の（4）参照），8問出題した。母音図の問題は，

アメリカ英語の母音図（舌の最高点の高低および前後関係を表す図）を提示し，問題番号の示す場所に音声記号（例えば /æ/, /ʌ/ など）を書くもので，5問出題した。正答を1点，誤答を0点とした。

（2） 理解確認問題

専門用語に関する説明について，適切なものを4つの選択肢から選択する問題の合計4問（形式は資料5の（1）〜（3）と同じ）を理解確認問題とした。具体的には，「自然言語」「子音」「高低アクセント」「無声音」を使用した。正答を1点，誤答を0点とした。

（3） 記述問題

専門用語について，具体例を挙げながら説明する記述問題として，「有声音」「母音」「単語の恣意性」「拘束形態素」の合計4問を使用した。

測定は，ルーブリック（資料6）に基づき，全4問に対して定義，具体例／詳細説明の2つの観点を設け，配点はそれぞれ3点とした。例えば拘束形態素について，「拘束形態素とは，形態素のうちそれだけでは単語になることができず，他の形態素に付けて使われるものを指す。例えば，-ed や，-ly などの拘束形態素はそれだけでは単語として使えず，他の形態素に付ける必要がある」と書けば，定義（第1文）が3点，具体例／詳細説明（第2文）が3点となる。

採点は筆者と英語教育学を専攻して修士号を取得したリサーチアシスタントが独立して行い（一致率：85.6％），分析には2名の採点者の平均値を用いた。

2.4 学習量

TBL群およびTBL＋役割群の第15回の授業において，試験返却後に質問紙を配布し，「他の授業に費やした平均的な学習量を10とすると，こ

の授業に費やした学習量は？」という問いに対して数字を記入するよう求
めた。

2.5　授業アンケート自由記述の計量テキスト分析

　TBL 群および TBL ＋役割群の第 15 回の授業において，試験返却後に
質問紙を配布した。質問は，関谷（2019a）を参考に次の 9 項目とし，そ
れぞれ自由記述で回答を求めた。

1）グループワークはどのような体験でしたか。

2）グループワークについてどのような点を重視して取り組みました
　　か。

3）最初から中期，最後に至るまでに変化がありましたか。

4）何か印象に残ったことはありましたか。

5）グループワークはどのような意味を持っていると思いますか。

6）他の授業を含め，これからもグループワークに取り組みたいです
　　か。

7）グループワークの長所は何ですか。

8）グループワークの短所は何ですか。改善すべき点があればそれも
　　教えてください。

9）最後に，グループワークに限らず，授業全体について感想，意見，
　　要望があれば書いてください。

　授業内のグループワークにおける受講生の体験と意味づけを明らかにす
るため，計量テキスト分析を採用した。計量テキスト分析とは，計量的分
析手法を用いてテキスト型データを整理または分析し，内容分析を行う方
法である（樋口, 2014）。本調査では，収集した自由記述をテキスト型デー
タとし，「KH Coder」を用いて内容分析を行った。KH Coder は，樋口ら

が開発した計量テキスト分析のソフトウェアであり，質的データに数値化
操作を加えて計量的に分析する。

　具体的な手順は以下のとおりである。

①質問1）〜9）に対する回答を1つにまとめる。

②形態素解析によって文章を単語の単位に区切り，各単語の品詞を判別
　する。

③判別結果について，2つの群ごとに単語の頻度分析で出現回数を分析
　する。

④両群合わせて出現回数10回以上の特徴語を対象に，単語と各群の結
　びつきの強さを知るため，共起ネットワーク分析を実施する。今回は，
　描画する共起関係の数は30に設定した。

3．結果

3.1　テスト得点

　前年度に履修したすべての科目の成績平均値（GPA）を算出した結果，
講義群は2.85，TBL群は2.65，TBL＋役割群は2.96であった。1要因分
散分析の結果，有意な差は見られなかった（$F(2, 51) = 0.69, p = .51$）が，
どの対象者も学力が一定になるように条件をより厳密に統制して検定力
を高めるため，前年度のGPAを共変数として分析に投入した。前年度の

表8-2　前年度のGPAとテスト得点との相関

	知識	理解	定義	具体例／詳細説明
前年度GPA	.336*	.368**	.507**	.541**
知識		.635**	.566**	.462**
理解			.564**	.502**
定義				.815**

*$p < .05$　　**$p < .01$

GPA と観点別のテスト得点との相関を表8-2に示す。

　検討を相対的かつ統合的に行うためには，まず TBL 型授業が講義型授業と比べて効果的であるかを調べ，効果があった場合，役割付与によりさらに効果が高まるかを検証するのが望ましい。そこで，知識，理解，定義，具体例／詳細説明について，それぞれ2つの対比分析（南風原, 2014）を行った。1つ目は指導法の対比であり，講義群，TBL 群，TBL ＋役割群にそれぞれ -2, 1, 1 の係数を割り当てた。2つ目は役割付与の有無の対比であり，3群にそれぞれ 0, -1, 1 の係数を割り当てた。

　その結果，知識において，指導法の対比の主効果が有意となり（$t(51)$ = 2.42, p = .02, r = .32），TBL 型授業を受けた2つの群は講義群よりも得点が高かった。役割付与の有無の対比に関しては有意な差は見られなかった（$t(51)$ = -0.85, p = .40, r = .12）。理解において，指導法の対比の主効果が有意となり（$t(51)$ = 2.45, p = .02, r = .33），TBL 型授業を受けた2つの群は講義群よりも得点が高かった。役割付与の有無の対比に関しては有意な差は見られなかった（$t(51)$ = -0.02, p = .98, r = .00）。定義において，指導法の対比に有意な差は見られなかった（$t(51)$ = 1.59, p = .12, r = .22）が，役割付与の有無の対比における主効果は有意となった（$t(51)$ = 2.18, p = .03, r = .29）。具体例／詳細説明において，指導法の対比の主効果が有意傾向となり（$t(51)$ = 1.83, p = .07, r = .25），TBL 型授業を受けた2つの群

表8-3　群ごとの平均得点（括弧は *SD*）と調整済み得点（括弧は *SE*）

観点		平均得点			調整済み得点		
		講義群	TBL 群	TBL ＋役割群	講義群	TBL 群	TBL ＋役割群
知識		16.00 (3.55)	17.86 (1.70)	17.50 (2.19)	15.99 (0.57)	18.10 (0.68)	17.34 (0.57)
理解		3.10 (1.12)	3.57 (0.85)	3.70 (0.47)	3.10 (0.18)	3.65 (0.22)	3.65 (0.18)
記述	定義	8.20 (3.77)	7.96 (3.86)	10.80 (1.90)	8.18 (0.63)	8.37 (0.76)	10.54 (0.64)
	具体例／詳細説明	8.20 (3.74)	8.75 (3.52)	10.53 (3.27)	8.18 (0.67)	9.22 (0.80)	10.22 (0.67)
	合計	16.40 (7.01)	16.71 (7.23)	21.33 (5.01)	16.36 (1.31)	17.59 (1.46)	20.76 (1.21)

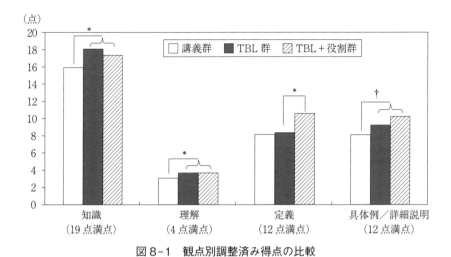

図 8-1 　観点別調整済み得点の比較
†$p < .10$ 　　 *$p < .05$

は講義群よりも得点が高かった。役割付与の有無の対比に関しては有意な
差は見られなかった（$t(51) = -0.85, p = .35, r = .13$）。群ごとの観点別テス
ト得点の平均および調整済み得点を表 8-3, 図 8-1 に示す。

3.2 　学習量

　回答を得た TBL 群 14 名, TBL ＋役割群 20 名を分析対象として平均値
を計算した結果, それぞれ 11.00（$SD = 6.30$）, 11.83（$SD = 6.22$）を得た。

3.3 　計量テキスト分析

　質問項目 1 ）〜 9 ）までの合計延べ語数は, TBL 群 1,978 語, TBL ＋
役割群 2,607 語であった。両群の単語の出現回数を捉えるため, それぞれ
出現回数上位 20 の特徴語をまとめた（表 8-4）。次に, 特徴語と各群との
共起関係をネットワーク図に示した（図 8-2）。

　出現数 10 回以上の語を対象に, 各群とのすべての組み合わせについて
Jaccard 係数（実際に生じた共起関係の数を, 存在しうる共起関係の数で

表 8-4　TBL 群と TBL ＋役割群における特徴語の相違

順位	抽出語	出現数	順位	抽出語	出現数
1	人	34	1	意見	39
2	意見	27	2	思う	25
3	グループ	23	3	グループ	23
4	自分	19	4	授業	22
5	授業	16	5	自分	21
6	思う	15	6	人	19
7	取り組む	14	7	グループワーク	18
8	話す	12	8	楽しい	17
9	聞く	11	9	良い	14
10	考え	9	10	協力	12
11	楽しい	8	10	勉強	12
11	答え	8	12	わかる	11
11	理解	8	12	予習	11
14	グループワーク	7	14	言える	10
14	考える	7	15	理解	9
14	他人	7	15	話す	9
14	わかる	7	17	メンバー	8
18	他	6	17	取り組む	8
18	知る	6	17	発音	8
18	知識	6	17	聞く	8
18	勉強	6			
18	良い	6			

注）上位 20 でそれぞれの群にのみ出現する特徴語にアミをかけている。

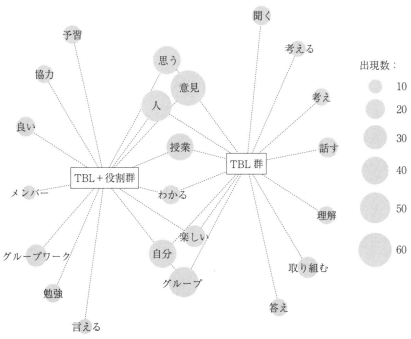

図8-2　単語と群の共起ネットワーク

割ったもの）を算出し，上位30の共起関係を線で結んだ。また，出現数の多い語ほど大きな円で示した。例えば，「意見」「グループ」「授業」「楽しい」など，TBL群とTBL＋役割群の両方と線で結ばれている語は両群の自由記述に同程度の比率で多く出現していることを表す。「予習」「協力」「グループワーク」などTBL＋役割群のみと線で結ばれている語は，TBL群と比較して高い比率で，「聞く」「話す」「取り組む」などTBL群のみと線で結ばれている語は，TBL＋役割群と比べ高い比率でそれぞれ使われていることを示している。

4．考察 ―― 本研究のまとめ ――

　テスト得点の分析の結果，TBL に取り組むことによって知識獲得，概念理解，具体例／詳細説明の記述力が促されることが示された。研究4では調音器官，子音図，母音図など認知的処理水準の浅い知識問題にのみ効果が表れたが，本研究ではより処理水準の高い概念理解や記述問題にも効果が認められた。ただし，効果量をそれぞれ比較すると（知識：$r = .32$，理解：$r = .33$，記述［定義］：$r = .22$，記述［具体例／詳細説明］：$r = .29$），認知処理水準の低い問題に効果が表れやすいことが再現されている。

　また，TBL 型授業において役割を付与すると，定義の記述力に促進効果が見られた。その一方で，認知処理水準のより低い知識や理解問題には効果が見られなかった。しかし，認知処理水準の低い問題には効果が表れず，高い問題のみに表れることは理論的に考えにくい。19 点満点の知識問題で TBL 群と TBL ＋役割群の平均得点がともに 17.5 点以上，4 点満点の理解問題ではともに 3.5 点以上であり，天井効果が発生したため有意な差を検出できなかった可能性がある。

　学習量においては，研究4と同様，他の授業と比べた実感はほぼ同等であることが示された。学習の効率性が改善し，学習量の増大を伴わずに成績の向上を促した可能性がより強くなったといえる。

　計量テキスト分析から，TBL 群と TBL ＋役割群ではグループワークに関して異なる体験および意味づけをしていることがわかる。また，単語と群の共起ネットワーク（図8-2）を見ると，TBL 群は，「聞く」「考える」「話す」「理解」など，個人の行動や認知活動に焦点を当てた語が目立つ。記述の具体例を見ると，「自分がわからないことでも，人の意見を聞きながら解決することができる」「より考えるようになった」「あまり話したことのない人と話すことができる機会だったので，良かった」「自分が勉強し

て理解した内容が正しいかを確かめることを重視しました」のように，自身の学習の成果を振り返ったり，今後の学習を深めていったりすることの重要性を認識している様子がうかがえる。

TBL＋役割群のみに特徴づけられる語には，「予習」「協力」「メンバー」「グループワーク」など，他者とのかかわりやグループワークの前提となる準備に関連する語が目立つ。記述の具体例を見ると，「予習や復習を各自で頑張る必要があると思った」「お互いが協力して，助け合うようにしました」「グループワークなので，同じグループのメンバーに迷惑をかけないように予習した」など，他者との共同作業を意識し，それを円滑に進めるための事前準備に対して重要性を認知している様子がうかがえる。

研究3は，自己の情意要因に関して，楽しさやスキルの向上心などの「コミュニケーションに対する肯定的な感情や態度」，他者の話を聞いたり自分の考えを述べたりするといった「グループメンバーへの配慮」が「討論のための準備の重要性認知」とそれぞれ相互に影響を与えながら，「議論を促す環境の構築」に寄与するとしている。同時にグループ内において，「与えられた役割の受け入れ」によって「自分の役割を明確に自覚するメンバー」が確立していき，「議論を促す環境の構築」に働きかけるプロセスをインタビューデータの質的分析から提案している。本研究の計量テキスト分析の結果もこの提案を支持するものであり，グループ内での役割を明確化したTBL型授業における学びのプロセスについてより頑健な知見を提供できたといえる。

第9章では，これまでの一連の研究をまとめ，総合的な考察を加えたい。

謝辞

本研究は，2018年9月1日から2019年6月30日までの期間，中国地区英語教育学会より研究助成（Grant-in-aid for CASELE Researchers）を受けた。ここに，感謝を申し上げる。

第**9**章

総合考察 —— まとめと今後の展望 ——

1. これまでの研究のまとめ

本書の構成図を再度掲載する（図9-1）。

```
┌──────────── 本研究の位置づけ ────────────┐
│ 第1章：TBL の背景と実施方法                    │
│ 第2章：TBL の効果の先行研究                    │
│ 第3章：本研究の方法論 ── アクション・リサーチ        │
└────────────────────────────────┘
```

```
┌──「第二言語習得研究」での実践：──┐        ┌──「英語学」での実践：──┐
│        深い知見を得る         │        │      広い知見を得る      │
│                         │        │                    │
│ 第4章（研究1）：              │        │ 第7章（研究4）：         │
│    TBL の学習効果の検証        │ ──▶   │    TBL の学習効果のより厳密な再 │
│ 第5章（研究2）：              │        │    検討                │
│    TBL の学習プロセスの検討      │        │ 第8章（研究5）：         │
│ 第6章（研究3）：              │        │    グループワークでの役割付与の  │
│    フリーライダー問題の解決法の    │        │    再検討               │
│    検討                   │        │                    │
└──────────────────────┘        └──────────────────┘
```

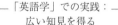

```
┌──────── 総合考察 ────────┐
│ 第9章：研究のまとめと今後の展望    │
└────────────────────┘
```

図9-1　本書の構成（図3-2再掲）

　研究1（第4章）では，TBLを取り入れて大学の英語教育学専門科目「第二言語習得研究」の授業を実施し，概念理解と学習意欲に与える影響を検討した。その結果から，TBLに取り組むことによって概念理解が促進されることが示された。特に具体例／詳細説明について高い効果が得られた。

　研究2（第5章）では，TBLを取り入れて同じく「第二言語習得研究」の授業を実施し，概念理解と学習意欲に与える影響を再検証するとともに，そのプロセスを明らかにすることを目的とした。検討の結果，研究1と同様に，TBLに取り組むことによって概念理解が促進されることが示されると同時に，具体例／詳細説明において高い効果が得られた。また，受講生に対するインタビューの発話の具体例に基づいて概念を生成し，その妥当性を検討しながらカテゴリーの生成を行ったのち，関係性を検討して関連図（ver. 1）を作成してプロセスを示した。そのなかで，グループワークの学習促進機能を抑制するフリーライダーの存在が浮き彫りになった。

　研究3（第6章）では，「第二言語取得研究」のTBL型授業において，フリーライダーの問題を克服し，学習者の概念理解と学習意欲を改善することを目指した。具体的には，グループワーク時に役割を与えることによってグループワークの機能の改善を図った。その結果，研究1，2と同様，TBL型授業によって概念理解が促進されることが確認され，また役割を付与するとフリーライダーが出現しにくくなること，概念理解がさらに促進されることが発話の分析から示唆された。さらに，発話の具体例に基づき概念やカテゴリーを再検討し，関係性を再整理して「TBL型授業におけるグループワーク機能の関連図 ver. 2」を作成した。

　研究4（第7章）では，TBLを異なるタイプの科目，「英語学」に導入して事例を蓄積するとともに，汎用的なTBLのスタイルを確立するという「広げる」方向性を目指した。また，授業の方法（講義型かTBL型か）以外の条件をそろえて，より厳密な比較検証が実現した。検証の結果，TBLに取り組むことによって知識獲得と概念理解が促されることが示さ

れた。特に比較的深い思考を必要としない知識問題に大きな促進効果が見られた。

　研究5（第8章）では，「英語学」において TBL 型授業のグループワークの学習機能の向上を目的として，メンバーに役割を付与してその効果を検討した。分析の結果，TBL に取り組むことによって知識獲得，概念理解，具体例／詳細説明の記述力が促進されることが示され，研究4では見られなかった処理水準の高い概念理解や記述問題にも効果が認められた。また，通常の TBL 型授業を受けた受講生と比べ，役割を与えられてグループワークに取り組んだ受講生は，異なる体験および意味づけをしていることが，授業アンケート（自由記述）の計量テキスト分析から示された。これは，研究3で示した「TBL 型授業におけるグループワーク機能の関連図 ver. 2」をおおむね支持する結果となった。研究1～5を次頁の表9-1にまとめる。

　TBL 型授業は処理水準の低い問題から効果が表れる。また処理水準の高い記述問題は，定義よりも具体例や詳細説明に効果が出現しやすい。ただし，記述（具体例／詳細説明）における効果が顕著なのは，記述式小テストも課していた「第二言語習得研究」である。小テストへの準備がグループワークでの他者への説明にもつながり，好循環が生まれていたと考えられる。さらに表9-1から，実際に小テストは学習量（の実感）を押し上げたと解釈できる。

　TBL 型の授業において役割を付与すると，まずフリーライダーの出現が抑制される。また，記述問題の成績が促進される。そして質的分析および計量テキスト分析によって確認したプロセスを簡潔に述べると，役割が付与されることによって他者との共同作業を意識し，準備の重要性の認知が強化される。

表 9-1　筆者の TBL 研究のまとめ

科目の内容	第二言語習得研究			英語学（音韻論・形態論）	
科目の性質	基礎知識の獲得や理論の理解に加え、教育実践への応用も重視			基礎知識の獲得や理論の理解が主	
科目の位置づけ	選択科目			8割の受講生にとって必修科目	
授業形式（講義 or TBL）以外の条件の違い	TBL群は記述式小テストもある　TBL群は2倍の進度で授業が進む			なし	
研究番号	研究1	研究2	研究3	研究4	研究5
TBLの効果　知識	—	—	—	大	大
TBLの効果　理解	—	—	—	中	大
TBLの効果　記述（定義）	なし	なし	なし	なし	なし
TBLの効果　記述（具体例／詳細説明）	大	大	大	なし	小
役割付与の効果	—	記述（具体例／詳細説明）に小さな効果、フリーライダーを抑制		—	記述（定義）に中程度の効果、他者との共同作業を意識し、準備の重要性認知が強化
他の授業と比べた主観的な学習量の実感	約1.7倍	約1.8倍	約2.4倍	約1.1倍	約1.2倍

2．今後の展望

　まず，「深める」方向で進めた研究1～3の今後の展望について述べたい。「TBL型授業におけるグループワーク機能の関連図ver. 2」に基づけば，議論を促す環境の構築にはグループ内と自己の情意要因が望ましい状態である必要がある。研究3で介入・改善を加えたのはあくまでグループ内の要因であった。今後のさらなる改善に向けては，自己の情意要因に着目するべきであろう。例えば語りが示唆するとおり，ふだんから話しすぎる傾向のある学習者には他者の話を聞く態度やスキルの育成を，逆に自分から話すことに苦手意識を持つ学習者には意見を述べる態度やスキルの育成を目指すといった，個人差を考慮した介入が考えられる。このようなグループ内の機能の改善を継続しつつ，さらにはグループ間の機能を検討し，クラス全体が学習集団としてどのように機能しているかを解明することを目指すのが実りのある方向性であろう。

　次に，「広げる」方向で進めた研究4～5では，研究1～3の実践現場であった「第二言語習得研究」とは異なり，「英語学」の授業でTBLやグループワークにおける役割付与を導入し，その効果を再検証した。「英語学」の学修内容は一般的に，専門知識の獲得と基本的概念の理解であり，どちらかと言えば実技や討論，発表活動と結びつきにくい科目であろう。つまり，授業形式には講義型が最も採用されやすい科目の一つであると考えられる。第2章で述べたとおり，TBLはチームで働くことが強く求められる医療系の教育において盛んに導入されてきているなか，こうしたいわゆる座学科目で導入し効果を検証できたという点は，「広げる」方向に一定の貢献ができたのではないだろうか。ただし，もちろんこれだけでは十分ではない。今後もさまざまな授業でのTBLの取り組み，およびその効果を検証した報告の蓄積が期待される。

資　料

資料1.「第二言語習得研究」の配布プリント裏面例

☆復習課題（小テスト）
　次の用語を定義し、具体例を挙げよ。

　1．統合的動機づけ
　2．道具的動機づけ
　3．SLA 研究から見た効果的学習法
　4．コミュニケーション能力（communicative competence）

☆予習課題（授業に備え教科書を読んでくる）
　pp. 36-48

資料２．「第二言語習得研究」のルーブリック

小テストルーブリック（改）

学生番号　　　　　　　　　氏名

目標	0	1	2	3	評点
①定義	定義を書いていない、または説明が大いに不足している。内容が理解できない、または誤っており、正しく表現できていない。	完全に間違っているとは言えないレベルで最低限定義を表現できる。言葉が不明瞭、あるいは説明不足の個所があるが、何とか意味内容を伝えることができる。	多少不十分な個所があるものの、定義を表現できる。意味内容を大体正確に伝えることができる。	非常に明確に定義が表現できる。テキストとほぼ同じ記述、あるいは異なる表現を用いていても意味内容を適切に伝えることができる。	／3
②具体例／詳細説明	具体例／詳細説明を書いていない、または説明が大いに不足している。定義とは関係ない具体例／詳細説明を用いている、または、内容が理解できないか誤っており、正しく表現できていない。	定義の説明とは少し関連性が薄いが具体例／詳細説明を表現できる。あるいは定義の説明と関連性のある具体例／詳細説明を用いているが、不明瞭な個所があり理解がやや困難である。	定義の説明に関連した具体例／詳細説明を表現できる。	定義の説明の理解深化につながる適切な具体例／詳細説明を、わかりやすく表現できる。	／3
③日本語表現	誤字、脱字が多く適切に日本語を書くことができない。文章が不明瞭である。漢字を適切に使えていない。	誤字、脱字もほとんどなく書くことができる。文章も明瞭であり、漢字もほぼ適切に使うことができる。	誤字、脱字なしで書くことができる。文章も明瞭であり、漢字も適切に使うことができる。	＊①、②のどちらかが書かれていない場合、③の得点は１点減点となります。	／2

資料３．「第二言語習得研究」配布プリント表面例

第二言語習得研究（外国語としての英語の学び）
予習チェック問題

第 3 回

年 月 日

問：最も適切なものを選べ。

（1）
　a．統合的動機づけとは、外国語を道具として何か他の目的達成のために利用したいということである。
　b．統合的動機づけは、提唱されて以来現在まで、道具的動機づけよりも重要だと言われている。
　c．入試があるから、TOEIC の点数がいいと給料が上がるからという理由で英語を勉強するのは統合的動機づけの例である。
　d．統合的動機づけとは、自分の勉強している言語の文化や、その言語を話す人々が好きか嫌いかということである。

（2）動機づけと学習の成果の関係について、筆者によると、
　a．動機づけが強いこと自体はほぼ学習成果に直結する。
　b．現時点で動機づけが強い学習者は、将来もずっと動機づけが強い傾向にある。
　c．タスクモティベーション、すなわちどういうタスクだったら動機づけは高まるのかということに注目する必要がある。
　d．動機づけが学習行動に結びつかなくても学習成果は得られる。

（3）筆者によると、効果的な学習法とは、
　a．言語の本質に合った学習法、言語習得の本質に合った学習法、個々の学習者の特性に合った学習法である。
　b．丁寧に母語に訳す学習法、言語習得の本質に合った学習法、個々の教材に合った学習法である。
　c．言語の本質に合った学習法、繰り返しテストを行う学習法、個々の教材に合った学習法である。
　d．丁寧に母語に訳す学習法、繰り返しテストを行う学習法、個々の学習者の特性に合った学習法である。

（4）言語ができるということは、コミュニケーション能力があることだと考えられており、
　a．発音能力、談話能力、社会言語学的能力、方略的能力があることだと言われている。
　b．文法能力、談話能力、社会言語学的能力、方略的能力があることだと言われている。
　c．発音能力、談話能力、科学言語学的能力、方略的能力があることだと言われている。
　d．文学能力、談話能力、科学言語学的能力、方略的能力があることだと言われている。

資料４．分析ワークシート例

概念名　5	討論のための準備の重要性認知
定義	グループに貢献し，討論をより有意義なものにするためには，予習・準備が重要であると考えて実行する，または実行できないときに罪悪感を感じること。
具体例	A.「準備が多い，自分の意見を準備しないといけないっていうのと，」 「ぶっつけ本番で自分の意見をポンって言える人ってあまりいないと思うんですよ，私もそうなので。で，そういうある程度の自分の考えとかをまとめておかないと，いざ自分が話し合うときに何も言えなくなってしまうので。」
	F.「ああ，変わりますね，やっぱり。グループワークなかったら，たぶん勉強してないだろうなって。」 「まあなんか，やっぱり皆に迷惑かけるのはちょっとダメだなと思って。やっぱ，多少しますね。」 「そうですね，でもけっこう自分が一番やってなかったかもしれないです。えへへへ。けっこう皆に頼ってた部分はあるかなと思いますね。やってるときも，やっぱり皆の方がすごかったなって思いますね。いや，皆の方がすごい覚えてるなって思いました。あの，小テストとかすごいなと思います。やっぱ，もうちょっとやっておけばよかったかなって思います。なんか自分ではやっていたつもりだけど，皆と比べたら全然だったなって思います……っていうのを感じるときがあります。」 「そうですね，けっこう，なんだろう，意見が合ったっていうか，なんでこれを選択したかっていうのが言える，言えて……言えたってことは，ちょっと勉強したから，その，理由を言えるのかなと思って……。そう思うときはありました。」
	C.「なんか自分，真面目に本をけっこうすごい読みこんだっていうわけではないんですけど，まあ絶対読まないっていうことはないようにして，自分の意見は，まあ自分はちゃんとこうこうだからって答えられるようにはしました。なんかもうわりと最初の方に，１回読んでなくて行ったことがあったんですけど，そのときに皆ちゃんとやってたのに，いっつも『まあ，ここかな？』みたいな感じで答えちゃったんで，それは申し訳ないなって思って。えへへへへ。あ，自分もみたいな感じだったんで，それはちょっとヤバいかなと思って。」 「まあまず第一に，皆がちゃんと本を読んでくるっていうところが大前提だとは思うんですけど。」
	D.「う〜ん……とりあえず予習をして，とりあえずその問題を解いて，う〜ん……今，予習をして行こうっていうのは心がけてはいたんですけど。」 「でも自分も，その第二言語の方に関してはたまにちょっと，全部読みきれていないまま行くときもあったんで，最後の方がもうちょっと自信ないんで，あっみたいな。」
理論的メモ	準備をすれば討論に参加できて充実感を得られること，また，グループ内の他者に迷惑をかけないようにしようとすることの主に２つのことから予習が促されている。

資料5．「英語学」の予想チェック問題

英語学Ⅱ
予想チェック問題

第　2　回

年　　月　　日

（1）有声音・無声音について、
　a．肺から出る空気が言語音になるとき、上唇と下唇の動きによって有声音と無声音に分かれる。
　b．英語にはその区別があるが、日本語にはない。
　c．声帯が完全に閉じて空気が外に出てきたときの音が無声音である。
　d．声帯がわずかに開いて空気による振動をともなう音が有声音である。

（2）母音と子音について、
　a．空気があまり妨げられることなく出てくる音が母音である。
　b．内緒話ではなくふつうに話をする場合、母音はすべて無声音である。
　c．母音には有声音と無声音がある。
　d．声帯が完全に閉じて空気が外に出てきたときの音が母音である。

（3）子音は次の3つの基準によって分類される。
　a．声の有無、調音位置、声の高さ
　b．声の有無、調音位置、調音法
　c．声の大きさ、調音法、声の高さ
　d．声の大きさ、調音位置、調音法

（4）英語の子音分類表を完成させよ。

表1　英語の子音分類表

調音方法＼調音位置		両唇音	唇歯音	歯音	歯茎音	硬口蓋歯茎音	硬口蓋音	軟口蓋音	声門音
閉鎖[破裂]音	無声	①			t			③	
	有声	②			d			④	
摩　擦　音	無声		⑤	⑦	s	∫			h
	有声		⑥	⑧	z　r	⑨			
破　擦　音	無声				(ts)	⑩			
	有声				(dz)	dʒ			
鼻　　　音	有声	⑪			n			⑫	
側　　　音	有声				l				
半　母　音	有声	w			r（米）		j		

①：　　　　②：　　　　③：　　　　④：　　　　⑤：　　　　⑥：

⑦：　　　　⑧：　　　　⑨：　　　　⑩：　　　　⑪：　　　　⑫：

資料6.「英語学」のルーブリック

小テストルーブリック（改）

学生番号　　　　　　　　　氏名

目標	0	1	2	3	評点
①定義	定義を書いていない、または説明が大いに不足している。内容が理解できない、または誤っており、正しく表現できていない。	完全に間違っているとは言えないレベルで最低限定義を表現できる。言葉が不明瞭、あるいは説明不足の個所があるが、何とか意味内容を伝えることができる。	多少不十分な個所があるものの、定義を表現できる。意味内容を大体正確に伝えることができる。	非常に明確に定義が表現できる。テキストとほぼ同じ記述、あるいは異なる表現を用いていても意味内容を適切に伝えることができる。	／3
②具体例／詳細説明	具体例／詳細説明を書いていない、または説明が大いに不足している。定義とは関係ない具体例／詳細説明を用いている、または、内容が理解できないか誤っており、正しく表現できていない。	定義の説明とは少し関連性が薄いが具体例／詳細説明を表現できる。あるいは定義の説明と関連性のある具体例／詳細説明を用いているが、不明瞭な個所があり理解がやや困難である。	定義の説明に関連した具体例／詳細説明を表現できる。	定義の説明の理解深化につながる適切な具体例／詳細説明を、わかりやすく表現できる。	／3

引用文献

Cheng, C. Y., Liou, S. R., Tsai, H. M., & Chang, C. H. (2014). The effects of Team-Based Learning on learning behaviors in the maternal-child nursing course. *Nurse Educ Today, 34* (1), 25-30.

Hosseini, S. M. H. (2014). Competitive team-based learning versus group investigation with reference to the language proficiency of Iranian EFL intermediate students. *International Journal of Instruction, 7* (1), 177-188.

Lewin, K. (1951). *Field theory in social science: selected theoretical papers*. Oxford, UK: Harpers.

Mennenga, H. A. (2013). Student engagement and examination performance in a team-based learning course. *Journal of Nursing Education, 52* (8), 475-479.

Michaelsen, L. K., Knight, A. B., & Fink, L. D. (2004). *Team-based learning: Transformative use of small groups in college teaching* (pp.7-27). Sterling, VA: Stylus Publishing.

Michaelsen, L. K., Parmelee, D. X., McMahon, K. K., Levine, R. E. (Eds). (2007). *Team-based learning for health professions education: A guide to using small groups for improving learning*. Sterling, VA: Stylus Publishing.

Michaelsen, L. K., & Sweet, M. (2008). The essential elements of team-based learning. *New Directions for Teaching and Learning, 116*, 7-27.

Nunan, D. (1989) Understanding language classroom: *A guide for teacher-initiated action*. Upper Saddle River, NJ: Prentice Hall.

Samad, A. A., Husein, H., Rashid, J. M., & Rahman, S. Z. S. A. (2015). Training English language pre-service teachers using a team-based learning approach. *English Language Teaching, 8* (1), 44-51.

Thompson, B. M., Schneider, V. F., Haidet, P., Levine, R. E., McMahon, K. K., Perkowski, L. C., & Richards, B. F. (2007). Team-based learning at ten medical schools: Two years later. *Medical Education, 41*, 250-257.

五十嵐ゆかり．(2016a)．五十嵐ゆかり（編著），『トライ！看護にTBL　チーム基盤型学習の基礎のキソ』．東京：医学書院．

五十嵐ゆかり．(2016b)．「TBLを科目に取り入れる」五十嵐ゆかり（編著），『トライ！看護にTBL　チーム基盤型学習の基礎のキソ』．(pp.19-74)．東京：医学書院．

五十嵐ゆかり．(2016c)．「TBLを知る」．五十嵐ゆかり（編著），『トライ！看護にTBL　チーム基盤型学習の基礎のキソ』(pp.2-18)．東京：医学書院．

市川伸一．(1995)．「学習行動の基礎」．『学習と教育の心理学』(pp. 35-55)．東京：岩波書店．

市川伸一. (2000). 「概念，図式，手続きの言語的記述を促す学習指導 ― 認知カウンセリングの事例を通しての提案と考察 ―」．『教育心理学研究』，48，361-371.

井上信宏・中島りり子・山内理恵・大野修司・久保元・浅井和範. (2019). 「薬学部 6 年生教育への改変型 Team-Based Learning の導入とその成績向上効果の検証」．『薬学教育』，3，1-7.

岩崎千晶. (2016). 「高等教育におけるアクティブ・ラーニングの導入と授業設計」．『関西大学高等教育研究』，5，39-48.

大井恭子・木全睦子・森田彰・高尾亨幸. (2006). 長谷川瑞穂（編著），『はじめての英語学　改訂版』．東京：研究社.

木下康仁. (2003). 『グラウンデッド・セオリー・アプローチの実践 ― 質的研究への誘い ―』．東京：弘文堂.

児玉典子・田中将史・藤波綾・細川美香・小山淳子・Hogue, W. R.・竹内敦子. (2015). 「チーム基盤型学習（TBL）法と学生の学習動機に及ぼす影響」．『神戸薬科大学研究論集』，16，1-15.

佐野正之. (2000). 「アクション・リサーチの定義と方法」．佐野正之（編著），『アクション・リサーチのすすめ ― 新しい英語授業研究 ―』（pp. 31-60）．東京：大修館書店.

佐野正之. (2005). 「授業改善のためのアクション・リサーチ ― 英語の授業を改善するために ―」．佐野正之（編著），『はじめてのアクション・リサーチ』（pp.3-32）．東京：大修館書店.

白井恭弘. (2012). 『英語教師のための第二言語習得論入門』．東京：大修館書店.

新福洋子・五十嵐ゆかり・飯田真理子. (2014). 「Team-based learning を用いて周産期看護学（実践方法）を学んだ学生の認識」．『聖路加看護大学紀要』，40，19-27.

鈴木幸平. (2015). 「授業ビデオの有効活用及び模擬授業の効率的な実施：英語科教育法における講座改善の一つの試み」．『常磐大学研究紀要』，35，187-198.

須野学・吉田登志子・小山敏広・座間味義人・三好智子・水島孝明・谷本光音. (2013). 「新教育技法『チーム基盤型学習（TBL）』の臨床薬学教育における有用性」．*YAKUGAKU ZASSHI*，133 (10)，1127-1134.

関谷弘毅. (2017). 「チーム基盤型学習（TBL）が概念理解と学習意欲に与える影響 ― 英語教育学専門科目のアクティブ・ラーニング授業実践から ―」．『大学英語教育学会中国・四国支部研究紀要』，14，87-105.

関谷弘毅. (2018). 「チーム基盤型学習（TBL）において概念理解と学習意欲が形成されるプロセスの検討 ― 英語教育学専門科目のアクティブ・ラーニング授業実践から ―」．『大学英語教育学会中国・四国支部研究紀要』，15，93-110.

関谷弘毅. (2019a). 「大学の英語教育学専門科目におけるチーム基盤型学習（TBL）の導入とその改善 ― グループワークにおける役割付与の効果 ―」．*ARELE*，30，

319-334.

関谷弘毅. (2019b). 「チーム基盤型学習（TBL）が知識獲得と概念理解に与える影響 ― 英語学の授業実践から ― 」. 『中国地区英語教育学会研究紀要』, 49, 43-53.

高野陽太郎. (2000). 「因果関係を推定する ― 無作為配分と統計的検定」. 佐伯胖・松原望（編）, 『実践としての統計学』(pp. 109-146). 東京：東京大学出版会

中央教育審議会. (2012). 「新たな未来を築くための大学教育の質的転換に向けて～生涯学び続け, 主体的に考える力を育成する大学へ～（答申）」. 文部科学省.

所吉彦. (2016). 「ビジネス実務教育における TBL 導入の試み ― ARCS 動機づけモデルに基づき TBL を導入した教育実践と評価 ― 」. 『尚絅大学研究紀要　人文・社会科学編』, 48, 39-50.

南風原朝和. (2001). 「準実験と単一事例実験」. 南風原朝和・市川伸一・下山晴彦（編）, 『心理学研究法入門 ― 調査・実験から実践まで ― 』(pp. 123-139). 東京：東京大学出版会.

南風原朝和. (2014). 「対比分析」. 『続・心理統計学の基礎　統合的理解を広げ深める』(pp. 115-144). 東京：有斐閣アルマ.

樋口耕一. (2014). 『社会調査のための計量テキスト分析 ― 内容分析の継承と発展を目指して ― 』(p.15). 京都：ナカニシヤ出版.

深谷達史・植阪友理・田中瑛津子・篠ケ谷圭太・西尾信一・市川伸一. (2016). 「高等学校における教え合い講座の実践 ― 教え合いの質と学習方略に対する効果 ― 」. 『教育心理学研究』, 64, 88-104.

深谷達史. (2011). 「学習内容の説明が文章表象とモニタリングに及ぼす影響」. 『心理学評論』, 54, 179-196.

藤井幹雄・紺野奇重・加藤芳徳・多田納豊・八木秀樹・渡邊敏子・武田弘志. (2018). 「化学教育への Team-Based Learning (TBL) の導入：アクティブラーニングによる問題解決能力の育成を目指して」. 『国際医療福祉大学学会誌』, 23 (1), 16-27.

松下佳代. (2010). 『〈新しい能力〉は教育を変えるか ― 学力・リテラシー・コンピテンシー ― 』. 京都：ミネルヴァ書房.

山田邦雅. (2017). 「グループにおける主体性と学習効果」. 『大学教育学会誌』, 39 (1), 42-46.

湯川恵子・木村尚仁・碇山恵子. (2016). 「学びへのコミットメントを引きだす学習者主体のルーブリック作成と自己評価」. 『国際経営フォーラム』, 27, 217-236.

初出一覧

本書は以下の学術論文に加筆・修正を加えたものである。

《第4章（研究1）》

関谷弘毅. (2017).「チーム基盤型学習（TBL）が概念理解と学習意欲に与える影響 ― 英語教育学専門科目のアクティブ・ラーニング授業実践から ― 」.『大学英語教育学会中国・四国支部紀要』, 14, 87-105.

＊本論文の著作権は，一般社団法人大学英語教育学会に帰属する。

《第5章（研究2）》

関谷弘毅. (2018).「チーム基盤型学習（TBL）において概念理解と学習意欲が形成されるプロセスの検討 ― 英語教育学専門科目のアクティブ・ラーニング授業実践から ― 」.『大学英語教育学会中国・四国支部紀要』, 15, 93-110.

＊本論文の著作権は，一般社団法人大学英語教育学会に帰属する。

《第6章（研究3）》

関谷弘毅. (2019a).「大学の英語教育学専門科目におけるチーム基盤型学習（TBL）の導入とその改善 ― グループワークにおける役割付与の効果 ― 」.『全国英語教育学会紀要』, 30, 319-334.

＊本論文の著作権は，全国英語教育学会に帰属する。

《第7章（研究4）》

関谷弘毅. (2019b).「チーム基盤型学習（TBL）が知識獲得と概念理解に与える影響 ― 英語学の授業実践から ― 」.『中国地区英語教育学会研究紀要』, 49, 43-53.

＊本論文の著作権は，中国地区英語教育学会に帰属する。

《第8章（研究5）》

関谷弘毅. (2020).「チーム基盤型学習（TBL）における役割付与が英語学の専門知識習得に与える影響」.『中国地区英語教育学会研究紀要』, 50, （印刷中）.

＊本論文の著作権は，中国地区英語教育学会に帰属する。

また，第2章および第9章は，上記の学術論文の一部に修正を加えて執筆した。

おわりに

　筆者がチーム基盤型学習（Team-Based Learning: TBL）という言葉を知ったきっかけは，2016年3月，筆者が大学教員になってまだ1年も経たないころに，広島国際大学で開催されたFD研修会に参加したことであった。高知大学の立川明先生による講演会，「深い学びに誘うアクティブ・ラーニングの手法」および研修会，「失敗しないALの手法：TBL（チーム基盤型学習）」である。講演会では，TBLの考え方や手順を，先生のわかりやすく軽妙なお話から学び（第1段階：予習），続く研修会では，理解確認問題を個人とチームでこなしたうえで，全体で議論し（第2段階：個人テスト，チームテスト，アピール，フィードバック），最後に自分の授業改善のための方法をチームでディスカッションした（第3段階：応用演習問題）。TBLとは何かということを，見事にTBLを使って学ばせてくださった。プログラムは全部で約3時間のものであったが，今でも最も密度の濃い，充実したFD研修会であったと記憶に残っている。

　2016年4月から早速自分の授業に取り入れようと，準備を進めていった。ガイダンスの初回，実質的な内容に入る第2回の授業では不安やぎこちなさが残っていたのは，今思い出すと懐かしい。何しろ授業の進め方を抜本的に変えたのである。授業回が進み慣れてくると，学生が課題に取り組み，一生懸命考えている姿を見たり，学生とたくさんコミュニケーションしたりする楽しさを感じるようになっていった。授業の進め方について手探りだった状態から，大学教員2年目にして，一つの自信を得たように思う。

　ただし，そのころは，こうした取り組みを論文や本書のように研究としてまとめて発表しようとは思っていなかった。きっかけは，大学教員人生2年目にして，学科の役職に加え，学務委員，改組推進委員といった重責

を担う役目を同時に複数仰せつかったことである。これはさすがに大変であった。公文書を作成し，頻繁にかかってくる電話に対応し，学内の各部署を走り回る毎日が続いた。

　秋ごろになり，会議が終わり夜の研究室でふと振り返った。筆者は大学教員になってからもうすぐ2年経つのに，少しも研究をしていない。このままでは研究者として死んでしまうと。筆者は実は，本書のテーマのほかに，元来追究し続けてきた，より基礎的な研究テーマを持っていた。しかし，今のままでは校務や授業をこなすのに精いっぱいで，研究のための時間を取れない，これが当時の実感（より自分に厳しくいえば言い訳）であった。そこで思い立ったのが，それならば，研究のために別に時間を作ることはあきらめ，いつも行っている授業を研究対象にしようということであった。

　自身が担当した「第二言語習得研究」の授業にTBLを導入した成果をまとめるわけだが，何をどう報告すればよいのか。授業はすでに終了している。授業前にテストやアンケートを取ったわけでもないし，授業を受けたことによる変化を示すことはできない。それでは，前年度と当年度の両方に共通に出題した試験問題の成績を比較できないか。本書の研究デザインが固まっていった瞬間であった。そして何とか論文にまとめ，2016年の晩秋には，『大学英語教育学会中国・四国支部紀要』の第14号に投稿することができた（のちに第4章の原型となる）。

　年が明けてしばらくすると，査読結果が返ってきた。大幅な修正を要求する鋭いコメントがずらりと並んでいた。その中に一つ，「ん？」と思うものがあった。それは，「……アクションリサーチの手法に基づいたTBLが必要であるという説明がほしいところです」というものであった。そのころのアクション・リサーチに対する筆者の認識と言えば，「授業改善のための大切な取り組みだとは思うけど，学会誌には向かないのでは？」というものであった。しかし，その学会誌の査読委員の先生がご提案されたのである。もう一度アクション・リサーチを見直し，教育実践としても有

用で，学術研究としても説得力を持つようにするにはどうすればよいか，ということを考え直すことになった。アクション・リサーチが本書を貫く大きな枠組みであることは，第3章でご説明したとおりである。研究の枠組みが定まって以降，その後の論文（第5〜8章の原型）の執筆および発表は比較的スムーズに進んだと思う。このときにコメントをくださった匿名の査読委員の先生に心よりお礼を申し上げたい。

　ここまで，筆者自身が大学教員となり，本書の着想を得てから完成に至るまでの回想録にお付き合いいただいた。筆者がお伝えしたいメッセージは2つある。1つは，研究が進まないことを校務等が忙しいせいにしないことである。若手教員は往々にして，「若いうちに大いに研究をしなさい」と先輩の先生方に言われることが多いと思うが，これを，「あなたたち若手教員に対しては，校務を減らし，研究のための時間を増やしてあげます」という意味に解釈しては決してならない。過去の時代にはこのようなことがあったのかどうかは知らないが，少なくとも自身の経験や，他の大学で勤める同年代の研究者仲間の話から判断する限り，若手教員が特別に研究時間を優遇されるということはほぼないように思う。だからと言って忙しさを理由に研究をしなければ，研究者としては終わってしまいかねない。自分が追究してきた過去の研究テーマにこだわらず，担当した授業，与えられた立場で，自分ができることを探し，意欲を持って取り組める新しいテーマを見つけることが，自分だけではなく学生や同僚，組織にとって大切なのではないだろうか。

　2つ目は，教員である限り，国の政策などの時流を注視しつつも，本質的な教育とは何かという意識を持ち続けることである。筆者が本書の着想につながった2016年ごろは，アクティブ・ラーニングという言葉が教育系の学会でも，各大学のFD研修会でも流行していた。「はじめに」で触れたが，アクティブ・ラーニングとは，「教員による一方的な講義形式の教育とは異なり，学修者の能動的な学習への参加を取り入れた教授・学習

法の総称」である。本書では TBL をアクティブ・ラーニングの一形態として位置づけて，その効果を検討した。アクティブ・ラーニングの定義に返ってみると，「学修者の能動的な学修」とはどのようなことか，本文を書き終え，つい再考してしまう。

　灘中学校・灘高等学校で英語を教えていらっしゃる，"キムタツ"こと木村達哉先生が開催したセミナーに筆者が参加した際，同氏は，「最も優れたアクティブ・ラーニングは自習である」と断言されていた。学習者が目標を持ち，するべきことをしっかりと持っているとき（学校の文脈では種々の試験前の場面がわかりやすい）こそ，学習者は最もアクティブにラーニングしているということである。とても印象深い言葉で，今でも記憶に残っている。

　本書において，TBL の効果を検討するために比較対象とした講義型授業は，暗にアクティブではない授業とみなしていたことになる。しかし，学習者（学修者）のアクティブなラーニングを引き起こす魅力的な講義型授業も当然存在する。近年動画サイトに投稿される，専門家，芸能人，一般人による「教育系」動画の質には目を見張るものがある。少なくともそれらの「講義」を視聴すると，かなりアクティブなラーニングが筆者には起こる。本書の着想に至った4年前には，自身の授業におけるラーニングをよりアクティブにする一つの方法として TBL を選んだ。そして，その効果は一定程度認められた。本書は，講義型授業と TBL 型授業の2項対立的な図式となってはいるが，講義型授業が劣っており，アクティブ・ラーニングが引き起こせないといっているわけではない。くれぐれも誤解のないようにしていただきたい。身もふたもない話になってしまうかもしれないが，学習者（学修者）にとってアクティブなラーニングが起こる授業が良い授業であって，それを実現させられる指導法が良い指導法である。

　本書の内容は，まだまだ至らないところが多くある。今後，教育者として，また研究者として深め，修正しなければならないことは数多くあると

思う。お気づきの点があれば，ぜひご指摘，ご指導いただければ幸いである。

　本書の作成にあたりご協力をくださった皆様に感謝の意を表したい。広島女学院大学総合研究所の各位には，本書を執筆する貴重な機会をいただいた。特に作業を進めるにあたって，ご担当の中嶋知子さんには数多くの質問，相談を受けていただき，時には無理なお願いもした。教務課の皆様には，研究に必要なデータをご提供いただいた。また，学外の有益な FD 研修会の存在を数多く教えていただき，そこで得た知識が研究の着想に至った。広島女学院大学の学生の皆様は，いつも本研究に快く協力してくださった。いただいたフィードバックは，本書全般を通して記したとおり，大きく授業の改善につながった。授業におけるサポート，およびデータの整理・分析において，恩地早紀さんには大学院生時代から実に 4 年間にわたりご協力いただいた。彼女なしではこのようなペースで研究および執筆を進めることはできなかったと思う。大学教育出版の佐藤守さんには，岡山に突然訪問したにもかかわらず，お忙しいなかお時間を作ってくださり，出版の企画から発刊に至るまでの全体像について貴重なお話をいただくことができた。そして，中島美代子さんには，本書のご担当として，最初から最後まで大変お世話になった。不慣れで拙い筆者の文章を少しでも読みやすくするため，文字どおり日夜ご尽力くださった。これほどまでに自分の文章を読み込んでいただいたのは初めてだったので，初校が届いたときには本当に感動した。一生忘れないと思う。

　最後に，時には研究室で徹夜し，家に帰らない日もあったが，辛抱強く支えてくれた妻，沙和子に感謝したい。幼い 2 人の息子，海，惺は，大きくなったら本書を読んでくれるかどうかはわからないが，少しは家族の話の種になればと願って筆を置くことにする。

　2020 年 2 月

　　　　　　　　　　　　　　　　　　　　　関谷　弘毅

索　引

■著者紹介

関谷　弘毅（せきたに・こうき）

1980年愛知県名古屋市生まれ。
広島女学院大学人文学部国際英語学科准教授。
2014年3月東京大学大学院教育学研究科総合教育科学専攻教育心理学コース博士課程単位取得満期退学。
上海日本人学校高等部英語科教諭，広島女学院大学国際教養学部国際教養学科専任講師を経て，2019年より現職。

研究領域：英語教育学，第二言語習得研究
主要業績：

Sekitani, K. (2019). Learners' beliefs and learning strategies regarding Chinese as a second language and English as a foreign language at Shanghai Japanese High School, *Asian English Studies, 20*, 52-73.

関谷弘毅. (2019).「大学の英語教育学専門科目におけるチーム基盤型学習（TBL）の導入とその改善 — グループワークにおける役割付与の効果 — 」.『全国英語教育学会紀要』, 30, 319-334.

関谷弘毅. (2019).「チーム基盤型学習（TBL）が知識獲得と概念理解に与える影響 — 英語学の授業実践から — 」.『中国地区英語教育学会研究紀要』, 49, 43-53.

広島女学院大学総合研究所叢書第8号

TBLを文系座学科目に
—— チーム基盤型学習で理解を促進 ——

2020年3月31日　初版第1刷発行

■著　　者——関谷弘毅
■発 行 者——佐藤　守
■発 行 所——株式会社 **大学教育出版**
　　　　　　〒700-0953　岡山市南区西市855-4
　　　　　　電話(086)244-1268代　FAX(086)246-0294
■印刷製本——モリモト印刷㈱
■Ｄ Ｔ Ｐ——林　雅子

ISBN978-4-86692-062-7